名师名校名校长

凝聚名师共识
回应名师关怀
打造名师品牌
培育名师群体

刘桂美 ◎ 主编

传承经典
浸润心灵

北京燕山出版社
BEIJING YANSHAN PRESS

图书在版编目（CIP）数据

传承经典 浸润心灵 / 刘桂美主编. — 北京：北京燕山出版社，2022.5
ISBN 978-7-5402-6493-2

Ⅰ.①传… Ⅱ.①刘… Ⅲ.①初中—班主任工作
Ⅳ.①G635.16

中国版本图书馆CIP数据核字（2022）第070099号

CHUANCHENG JINGDIAN JINRUN XINLING

传承经典 浸润心灵

主　　编	刘桂美	
责任编辑	满　懿	
出版发行	北京燕山出版社	
地　　址	北京市丰台区东铁匠营苇子坑138号C座	
电　　话	010-65240430	
邮　　编	100079	
印　　刷	北京政采印刷服务有限公司	
经　　销	新华书店	
开　　本	170mm×240mm　16 开	
字　　数	288千字	
印　　张	16	
版　　次	2022年5月第1版	
印　　次	2022年5月第1次印刷	
定　　价	68.00元	

编 委 会

主　编：刘桂美

副主编：张元超　潘　哲

编　委：张　阳　丁　俐　张　瑛　魏国庆　李芳芳

　　　　安　麟　王桂刚　翟晓春　宋　娇　赖　赟

　　　　王淑光

序 言

PREFACE

进一寸有一寸的欢喜

一周前，我在连云港参加行业组织举办的一个班主任业务能力大赛时，收到了刘桂美老师发来的书稿，她请我给他们的一本书写序言。接到任务，我有些忐忑，也有些兴奋。我既担心自己辜负了刘老师的期待，又兴奋于有了一次向一线优秀中职班主任学习的机会。

印象中的刘桂美老师，是一位从班主任大赛中成长起来的优秀班主任，她建有自己的名班主任工作室，带领着一群同样钟情于中职班主任工作的年轻人默默耕耘。她不仅教育管理能力强，而且教学水平高，在当地已小有名气。前年我曾经应青岛教育局领导之邀，去参加他们的名班主任工作室授牌活动，其中就有刘桂美名班主任工作室。其后，我常常在朋友圈和公众号里看到他们的实践活动，感受着他们的工作热情。不想，刘老师的团队在不长的时间里，竟然能够拿出这样一份沉甸甸的书稿来，真心为他们高兴。

又到周末，我终于可以安静下来，静静地去学习这本书稿，从第一课读到了第二十八课，从9月读到了次年7月。这是一本来自一线优秀班主任的工作案例，他们以学年为经，以传统节日和重要纪念日为纬，织就了一幅"传承经典""赓续文明"的主题班会教育的路线图。这些优秀班主任抓住了28个重要日子，剖析其教育背景，精心进行教育构思，策划教育过程，并结合学生成长需求和主题班会效果做简要的教学反思。因此，他们的方案来源于一线的实践，却又能高于一线的实践。这本书既是这些优秀班主任实践的成果集，又能够对其他班主任开展主题班会活动起到指导、引领作用。

对于主题班会活动开展的意义及作用，这本书已经以案例的形式做出了许多说明，在此，我更想借机谈一谈这本书出版的意义。

此书的出版会给我们中职班主任专业化成长起到启发和激励作用。班主任岗位是一个专业性的岗位，走向专业化是青年班主任成长的必然方向。作为一名长期从事职业院校德育工作研究的老教师，我身边每一位青年班主任的成长几乎都会令我觉得幸福，我常常会为这些年轻人的努力而不能自已地落泪。我一直呼吁：并不是所有教师都适合做班主任的，我们需要学习；也并不是所有教师都是一辈子做不好班主任的，我们需要在实践中摸爬滚打着学习。

此书的出版更会给我们中职班主任开展节日活动带来启迪，提供实践操作的样本。其实，我自己也一直在观察一个现象：西方的某个节日，我在朋友圈里看到了一个又一个的体验活动，有年轻父母和孩子之间的亲子活动，有培训机构的老师给小朋友组织的各种活动。小朋友们戴着尖尖的帽子、披着长长的披风、提着南瓜灯，玩得不亦乐乎。尽管学校里遵守国家要求没有组织相关活动，但是我们应该怎样用鲜活、生动的方式引领孩子们过我们的节日，而不是拱手把活动阵地默默让给西方节日，这是摆在我们每一位德育工作者面前的课题，无法回避。很感谢这群优秀班主任的探索，他们在努力用实践寻找着解决这一课题的途径。

当然，此书中的28个主题班会活动方案也并非尽善尽美。比如，主题班会活动组织的亲和力和吸引力还有待提高，不同年级学生开展同一主题班会的阶段性还未能体现出来。这些也都是我们青年班主任需要进一步思考与实践的范畴。

但我以为，来源于一线班主任工作实践的这本书是非常难能可贵的，其中的实践与思考以及敢于分享与表达的勇气，令人钦佩。任何成长都不是一蹴而就的，每一步的攀登都是我们进步的基石，哪怕只是一小步，哪怕只有一小寸。

因为，进一寸有一寸的欢喜。

梅亚萍

2021年10月31日写于无锡

前 言

FOREWORD

　　班主任就像一个渡人的舵手，掌握方向、把控节奏，推动整个班级向着美好乘风破浪。一个班级，无论是纪律还是成绩的好坏，在相当大的程度上都取决于班主任工作的质量。班主任的责任沉重如山。本书的编写目的就是想为班主任工作"减负"，以主题班会为突破口，提高班主任管理的工作效率，回归教师本质，感受作为教师的幸福，和学生共同成长。

　　在一线班主任工作中，如何培养良好班风和如何做好学生思想教育工作是迫切需要解决的两大问题，而每周一次的主题班会开展是处理这两大难题的重要手段。班主任通过班会准备工作梳理工作思路，对学生进行合时合宜的、日常成系统的思想政治教育熏陶，减少或消除学生思想问题发生的可能性，防患于未然，或许会使班级管理工作更为轻松。

　　本书以既定主题为线索，关注师生互动、生生互动，让课程有趣、有料，让学生有所得，有收获。同时希望能给一线教师，特别是班主任提供参考，帮助他们更好地通过日常的"教"和"育"做好学生思想教育工作。

　　本书以节令、纪念日为思绪，按照时间顺序确定了高一学年的28个班会主题。这些主题涵盖了与学生学习、生活息息相关的传统节日、现代节日和重要纪念日。班主任通过一年的班会开展，有意识地让学生树立符合自己实际的理想、志向，养成受益终生的良好习惯，促进自身的道德素养修养，从而不断成为更好的自己。

　　全书由具有丰富教育管理经验的一线班主任执笔，每个主题班会设计包含节日简介、教育构思、教育过程以及教育反思四大模块。教育构思详细描述了班会课的教育背景、班情分析、教育目标及课前所需准备。教育过程贴近教育教学实际，步骤完整而详细，具有较强的可操作性和实践性。

　　由于编者水平有限，并且主题班会的开展是一个不断积累、更新的复杂过程，书中可能存在疏漏不当之处，敬请广大读者和同行专家提出批评意见和建议。

编　者

2021年10月1日

目 录
CONTENTS

上 篇

铭记经典，启智促行

下 篇

赓续文明，敦品励行

上 篇

铭记经典，启智促行

第一课　缅怀历史，珍爱和平

——9月3日中国人民抗日战争胜利纪念日

节日简介

中国人民抗日战争胜利纪念日

图1-1

1945年9月2日，日本向盟军投降仪式在东京湾密苏里号军舰上举行。在包括中国在内的9个受降国代表注视下，日本代表在投降书上签字。中国人民抗日战争的胜利，成为中华民族由衰败走向振兴的重大转折点，为实现民族独立和人民解放、建立新中国奠定了重要基础，是中国近代以来反侵略历史上的第一次全面胜利，为世界各国人民夺取反法西斯战争的胜利、争取世界和平的伟大事业做出了巨大贡献。2014年2月27日，十二届全国人大常委会第七次会议经表决通过，将9月3日确定为中国人民抗日战争胜利纪念日。同时，2015年的9月3日还是"世界反法西斯战争胜利70周年纪念日"。以立法形式确定中国人民抗日战争胜利纪念日，集中反映中国人民的意志，使我们牢记历史，不忘过去，珍爱和平，开创未来。

教育构思

教育背景：

2020年9月3日，习近平总书记出席纪念中国人民抗日战争暨世界反法西斯战争胜利75周年座谈会并发表重要讲话："中国人民在抗日战争的壮阔进程中孕育出伟大抗战精神，向世界展示了天下兴亡、匹夫有责的爱国情怀，视死如归、宁死不屈的民族气节，不畏强暴、血战到底的英雄气概，百折不挠、坚忍不拔的必胜信念。伟大抗战精神，是中国人民弥足珍贵的精神财富，将永远激励中国人民克服一切艰难险阻、为实现中华民族伟大复兴而奋斗。"伟大的抗战精神是中华民族精神的瑰宝。中职生是重要的社会成员，是国家和民族的未来与希望，理应弘扬伟大抗战精神，以压倒一切困难而不为困难所压倒的决心和勇气，敢于斗争，善于创造，锲而不舍为实现中华民族伟大复兴而奋斗。

班情分析：

授课对象为中职物流服务与管理专业一年级学生，他们经过初中三年的历史学科学习，对于中国人民抗日战争有了一定的了解，但多是停留在应考层面，未能深入挖掘其重要意义，也未能联系实际生活。在中国人民抗日战争胜利纪念日到来之际召开主题班会，学习习近平总书记的讲话，回望那段苦难深重、饱经沧桑的岁月，感悟那段不屈不挠、浴血奋战的历史，激励学生克服一切艰难险阻，为实现中华民族伟大复兴而奋斗。

教育目标：

认知目标：了解中国人民抗日战争中的重要战役和典型抗战人物的先进事迹，明确中国人民抗日战争纪念日的由来及重要意义。

情感目标：激发学生对革命先烈的敬仰和感激之情，珍惜来之不易的幸福生活，厚植爱国主义情感。

行为目标：积极调适自我心理与行为，尽快适应高中的生活、学习节奏，以勇于克服困难的决心传承和发扬伟大的抗战精神。

教育方法：

情感陶冶法、榜样示范法、交流讨论法、自我教育法。

设计意图：本次班会以习近平总书记在纪念中国人民抗日战争暨世界反法西斯战争胜利75周年座谈会上的讲话为指导，引导学生通过"忆往昔苦难深且重""叹抗战峥嵘岁月稠""看今昔吾辈当自强"三个环节，回顾抗日战争的艰难历程，了解中国人民抗日战争胜利纪念日的由来与意义，感悟并传承抗战精神。

活动准备：

1. 教师准备

（1）截取电影《杨靖宇》和《狼牙山五壮士》的片段，每段3～5分钟。

（2）下载短视频《为什么把9月3日定为抗日战争胜利纪念日》。

（3）准备诗歌朗诵《这一天》的文稿及配乐。

2. 学生准备

（1）将学生分成五个小组，每个小组选出一名学生作为小组长，带领组员设计组名和口号。

（2）一组学生负责搜集日本从进犯中国至全面侵华的关键事件的资料。

（3）其他四个小组的学生各负责搜集抗日战争中的一场重要战役，并制作3分钟的PPT介绍。

教育过程

暖场活动：串名介绍

活动规则：小组成员围成一圈，首先由小组长介绍小组的组名和自己的名字，然后第二位成员说："我是***后面的***。"第三位成员说："我是***后面的***后面的***。"依次介绍下去。最后小组成员一同喊出本小组的口号。以此来活跃气氛，加速学生之间的了解，增进小组团队意识。

第一环节：忆往昔苦难深且重

活动1：了解战争源起。由一组学生介绍日本从进犯至全面侵华的关键事件，让学生了解日本对中国的狼子野心由来已久，体会当时的中国人民同仇敌忾、坚决抗战的激昂情绪。

演示内容：

关键事件1：甲午中日战争——以1894年（清光绪二十年）7月25日丰岛海战的爆发为开端，至1895年4月17日《马关条约》签字结束。这场战争以中国战败、北洋水师全军覆没告终。中国清朝政府迫于日本军国主义的军事压力，签订了丧权辱国的不平等条约——《马关条约》。

关键事件2：强占青岛——1914年，第一次世界大战爆发，日本借口对德宣战，攻占青岛和胶济铁路全线，控制了山东省，激起了全中国人民的强烈反抗，引发一场改变中国命运的五四爱国运动。中国人民向全世界发出"还我青岛"的民族最强音，在中国近现代史上具有里程碑意义。

关键事件3：九一八事变——1931年9月18日夜，日本在中国东北蓄意制造并发动了一场侵华战争。次日，日军侵占沈阳，又陆续侵占了东北三省。九一八事变是日本帝国主义长期以来推行对华侵略扩张政策的必然结果，也是企图把中国变为其独占的殖民地而采取的重要步骤。

关键事件4：卢沟桥事变——1937年7月7日，日军在卢沟桥悍然进攻中国军队，炮轰宛平城，挑起事端。卢沟桥事变第二天，中共中央发表通电，呼吁"只有全民族实行抗战，才是我们的出路"。这是日本帝国主义全面侵华的开端和中华民族全面抗战的开始。

图1-2

活动2：分享个人感想。教师提出问题：面对日本的一次次挑衅与进犯，作为一名中国人，你该怎么做？各小组派代表发表看法。

设计意图：通过日本侵华关键事件的展示，让学生认识到中国曾经遭受过的深重苦难，奋起反抗才是唯一出路。激励学生铭记历史，勿忘国耻。

第二环节：叹抗战峥嵘岁月稠

活动1：回顾重要战役。由四个小组的代表和大家分享课前搜集的抗日战争中的四场重要战役，让学生了解抗日战争的悲惨、壮烈，体会中华儿女坚不可摧的磅礴力量。

演示内容：

战役1：长沙会战。1938年至1944年，腥风血雨的四次"长沙大会战"，是十四年全国抗战中中日双方出动兵力最多、规模最大、历时最长的一次大会战。这场震惊世界的会战前三次战役以中国军队的大获全胜而告结束，日军受到中国军队的沉重打击。

战役2：百团大战。1940年8月20日至12月15日，八路军发动的规模最大、持续时间最长的战略性进攻战役。从这以后，日军开始真正研究中国的敌后抗日武装，但是日军想"肃清后方"的愿望最终并没有实现，"地雷战""地道战"等一系列新概念开始出现在战争辞典里。

战役3：平型关大捷。1937年9月25日，中国共产党领导的人民军队取得抗战以来第一个重要胜利——平型关大捷。天时，地利，人和，使八路军在平型关取得了关键性的胜利。这次胜利，不仅打破了日本"皇军"所谓不可战胜的神话，更为全国抗战增添了勇气和力量。

战役4：台儿庄战役。1938年3月23日至4月7日，中国军队在山东省南部台儿庄地区，击败侵华日军进攻的一次较大规模的战役。台儿庄战役是抗日战争全面爆发以来，中国军队在正面战场上取得的首次重大胜利，打击了日军的嚣张气焰，振奋起全国军民的抗战精神，从而提高了中国的国际威望。

设计意图：回顾抗日战争中的重要战役，让学生认识到：抗日战争是一场旷日持久、艰苦卓绝的人民战争，胜利的果实来之不易，我们唯有加倍珍惜并捍卫这和平盛世，才能不负英烈。

活动2：感悟抗战精神。欣赏电影《杨靖宇》片段，展示著名的抗日民族英雄杨靖宇不畏牺牲、顽强抵抗的革命英雄主义精神。欣赏电影《狼牙山五壮士》片段，重温英雄事迹，感悟千秋凛然的英雄正气。

设计意图：回顾抗日战争中抗日将士的感人事迹，让学生深刻意识到：抗日战争的胜利是一代又一代革命先烈用血肉之躯换来的，我们除了深切缅怀和无限感恩之外，还应该像他们一样，增强责任意识，为国家富强、民族复兴和人民幸福奉献一切。

第三环节：看今昔吾辈当自强

活动1：历史不应当被忘记。根据对抗战中重大战役和典型人物的学习，小组讨论交流：今天，我们为什么要设立中国人民抗日战争胜利纪念日？每个小组派代表发表感言，然后教师播放短视频《为什么把9月3日定为抗日战争胜利纪念日》。

设计意图：通过思考和交流，让学生深刻体悟设立中国人民抗日战争胜利纪念日的重要意义——铭记历史，缅怀先烈；正视事实，维护和平；继往开来，吾辈自强，进而将爱国情化为报国志。

活动2：国旗在我心中，祖国有我守护。教师提出问题：作为新时代的青年，我们应该如何发扬抗战精神？小组合作交流，头脑风暴，畅所欲言，将理想、信念落实到日常的学习、生活中。最后学生集体站立朗诵诗歌《这一天》。

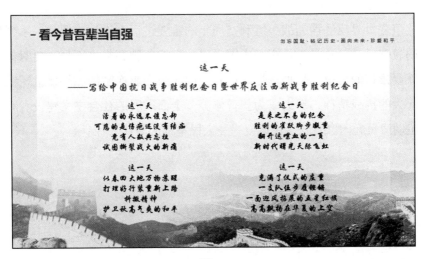

图1-3

设计意图：通过合作交流和头脑风暴，让学生直抒胸臆，表达对革命先烈的缅怀之情、对和平盛世的珍惜捍卫和对抗战精神的传承发扬，引导学生将报国志化为强国行，明确自身的历史使命。

结束语：

76年绵绵岁月，始终不能冲淡每个中国人心中那腥风血雨的记忆。在那生与死的战场上，有无数战士万众一心，冒着敌人的炮火前进！他们前仆后继，用血肉之躯筑起新的长城；他们视死如归，用铮铮铁骨战胜强敌。硝烟虽已远去，历史不能忘记。这个标记着中国人民抗战胜利的伟大日子，提醒着我们时刻铭记胜利背后的巨大牺牲，也要珍惜当今和平来之不易，更激励着我们练就过硬本领，成为保卫国家的坚实壁垒！振兴中华，吾辈自强。我们要踏着英雄的足迹，秉承烈士遗志，传承抗战精神，为中华民族的伟大事业贡献力量。

拓展延伸：

周末放假后要求学生观看《胜利日·纪念中国人民抗日战争暨世界反法西斯战争胜利75周年》特别节目，全面系统地了解中国抗日战争的艰难历程，返校后在班级内开展题为"继往开来，吾辈自强"的征文比赛，评选出优秀作品，并推荐到校刊发表，以鼓舞学生的爱国激情。

教育反思

本次主题班会结合学生的实际情况，以及习近平总书记在纪念中国人民抗日战争暨世界反法西斯战争胜利75周年的重要讲话而设计，通过一系列环环相扣的教育活动，让学生认识到中国人民抗日战争胜利来之不易，要时刻铭记落后就要挨打的历史，倍加珍惜革命先烈用血肉之躯换来的和平盛世，继承和发扬伟大的抗战精神，努力成为德智体美劳全面发展的社会主义建设者和接班人，主动肩负起国家富强、民族复兴、人民幸福的时代大任！

第二课 饮水思源，不忘师恩

——9月10日教师节

节日简介

教师节

图2-1

　　孔子作为儒家学派的开山祖师，在古代教育历史上有着举足轻重的地位，历代很多皇帝都曾祭拜过孔庙。教师，自古以来就是备受尊重的职业，尊师重道更是我们中华民族的优良传统。而最早提出建立教师节倡议的是1981年8月30日《光明日报》头版刊登的一封读者来信。信中写到：尊重教师，是一件意义非常深远的事。设立教师节，对于社会舆论、社会风气大有影响。此后，在各大媒体的呼吁下，逐渐推动了教师节的设立。为提高教师的社会地位，继承和发扬尊师重教的优良传统，也为使学生在新学年伊始就开展尊师活动，1985年1月21日，第六届全国人大常委会第九次会议做出决议，确定每年的9月10日为我国的教师节。

教育构思

教育背景：

教师是人类文明的传播者，是人类灵魂的铸造者，时刻不忘立德树人、为国育才使命，积极探索新时代的教育方法，为培养德智体美劳全面发展的社会主义建设者和接班人做出了巨大贡献。学生应不忘感念师恩，感谢老师以高尚人格引领向上，感谢老师以扎实学识开启智慧之门。教师节这一天，给老师打一个慰问的电话，发一条感谢的短信，让每一位呕心沥血的"园丁"收获祝福，这不仅有利于弘扬中华民族尊师重教的传统美德，而且有利于社会主义和谐社会的建设。

班情分析：

授课对象为中职计算机网络技术专业一年级学生，他们在父母的呵护与宠爱中长大，往往以自我为中心。开学后，班主任发现，在日常教学管理过程中，存在着扰乱课堂秩序、顶撞老师等无视学校规章制度的现象。在教师节到来之际召开主题班会，以此为契机教育学生尊师重教，能够促进良好师生关系的形成。

教育目标：

认知目标：通过本次班会活动引导学生了解尊重老师的重要性，认识到弘扬尊师重教的传统美德的重要性。

情感目标：通过本次班会活动引发学生对不尊重老师现象的深思，激发学生对老师的敬爱之情，引导学生尊师、敬师、爱师。

行为目标：引导学生自觉地把尊敬老师落实到行动上，从日常的点滴小事做起，尊重老师，感念师恩。

教育方法：

情感体验法、小组讨论法、合作探究法、榜样示范法。

设计意图：本次班会设计从计算机网络技术专业学生的日常实际表现出发，及时抓住教育契机，依次设计了"传统文化——我知晓""感恩之心——

我表达""尊师重教——我倡导"三个环节，层层递进，让学生进行自我教育，认识到尊师重教的重要性，并落实到日常的实际行动之中。

活动准备：

1. 教师准备

（1）请班级任课教师每人准备一张自己小时候的照片。

（2）从学校监控中心的视频中截取三个学生不尊重老师的短视频，为保护师生隐私，将头像做模糊处理。

（3）邀请任课教师预留时间参与班会的部分环节。

（4）按照任课教师人数准备标识牌、素描纸、水彩笔等工具。

2. 学生准备

（1）搜集尊师重教的名人故事，并排演情景短剧《吾爱吾师》。

（2）搜集教师节相关知识，并制作PPT。

（3）搜集《尊师礼仪歌》，学唱歌曲《感恩的心》。

教育过程

暖场活动：识图辨人

活动规则：班主任用多媒体逐张展示照片，并语言提示："老师是我们心目中最可敬可亲的人，在我们的人生中扮演着十分重要的角色，同学们，你们能猜出照片上的人是谁吗？"学生看到任课教师小时候的照片，感到既新奇又亲近，在其乐融融的氛围中引入本次班会的主题——饮水思源，不忘师恩。

第一环节：传统文化——我知晓

活动1：尊师故事分享会。"为学莫重于尊师"，尊师重教是中华民族的优良传统。自古至今，很多的学者、伟人都把尊师视为重要品质，有许多尊师的故事流传下来，请三个小组的同学表演情景短剧《吾爱吾师》：一组表演《孔子尊师》，二组表演《魏昭拜师》，三组表演《毛泽东尊师》。

活动2：教师节知识分享会。为了继承尊师重教的优良传统，弘扬敬师爱师的传统美德，国家设立了教师节。古往今来，古今中外的教师节传统是不尽相同的。请四组三名学生代表分享教师节的相关知识。

演示内容：

学生1：中国教师节的起源。

早在新中国成立前，教育界人士就呼吁建立教师节，但是因为战争等原因并未真正推行。1981年8月31日，《光明日报》头版刊登了建议建立教师节的"读者来信"，信中呼吁："全社会都要尊重教师，这是一件意义深远的大事。"此后，全国各地的师生相继发出建立教师节的倡议。在各大媒体的呼吁下，逐渐推动了教师节的设立。1985年1月21日，第六届全国人大常委会第九次会议做出决议，将每年的9月10日定为我国的教师节。

学生2：中国古代的"教师节"。

"教师节"可以追溯到汉代。黄宗羲《与陈乾初论学书》中记载："汉、晋时期，每年农历八月廿七孔子诞辰日这天，皇帝都要率领文武官员去孔庙祭拜。"不仅如此，皇帝还要邀请"国子学""太学"的经师（教师）入宫一起会餐，席间还可以吟诗舞乐。在皇帝的带领下，各地官府也纷纷效仿。虽然当时没有确立教师节这个说法，但是实际上，教师已享受教师节所带来的福利待遇了。

学生3：风格各异的教师节。

美国：美国的教师节，官方没有做出明确规定，一般约定俗成在5月第一个整周的周二，所以，这周也叫作"谢师周"。

泰国：泰国教育部规定1月16日为泰国的教师节。这一天全国学校放假，各地自发举行庆祝仪式，并向刚退休及刚参加工作的教师献花。

印度：印度把前总统及著名教育家萨瓦帕利·拉达克里希南的生日作为教师节，也就是每年的9月5日。这一天，教师们不上课而是由高年级学生来给低年级学生上课，以此来表达对教师的谢意。

设计意图：学习古今名人的尊师故事，让学生了解尊师重教的传统，培养学生尊师美德。以古今名人为榜样，学习他们尊师敬师的优秀品质。了解古今中外的教师节传统，尊重历史，传承文化，弘扬中华民族尊师重教的优良传统。

第二环节：感恩之心——我表达

活动1：班主任播放从学校监控视频中截取的三个片段，请同学们分析视频中的行为存在哪些问题，并思考该如何改进。

活动内容：

场景1：教室内——学生甲、乙在数学课上玩跳棋，数学老师发现后没收了跳棋并批评了他们，但两位同学不仅态度不好，还顶撞老师，跟老师在教室里争执起来。

场景2：教室内——学生丙上语文课趴在桌子上睡觉，老师让他站起来听课，他拒不服从，并顶撞老师，振振有词地说："我是来学专业技术的，背古文有什么用？"

场景3：走廊上——上学早高峰时有的同学遇到老师会主动问好，有的同学低头假装看不见老师，有的同学在老师从他身边走过且主动叫到他的名字后，才不情愿地回一声"老师好"。

观看视频后，各小组讨论并派一名代表分享感想。

一组代表：当我犯了错误，受到老师的批评，总是不服气，有时还要顶撞老师。其实老师批评我，教育我，是想让我改正错误，引导我向好的方向发展。以后我一定虚心接受老师的批评教育，并积极改正错误。

二组代表：我有时上课不认真听讲，经常开小差。有时上课说话，扰乱课堂纪律，这是对老师的不尊重。我们应该尊敬老师，上课专心听讲，认真完成作业，支持老师的工作，这是对老师最大的安慰。

三组代表：我有时在校园里碰到老师，觉得有些不好意思，低头从他身边走过，没有和他打招呼，这是不礼貌的表现，以后我见到老师一定主动问好，不管他是不是我们班的任课老师，都要有礼貌。

四组代表：课前主动擦黑板，课上专心听课。与老师讲话时端正身体，双目注视老师，认真听。这些看似简单的行为，却体现了学生尊重老师的意识。尊师不仅指要对老师有礼貌，还要理解并尊重老师的辛勤劳动，用优异的成绩来报答老师的辛勤工作。

活动2：在日常的教学与交往中，我们深深感受到了每一位老师的爱心与耐心，我们的老师在用自己不同的方式爱我们，所以我们应该尊重他们、爱戴他们。下面，请全体同学起立，一起朗诵《尊师礼仪歌》。

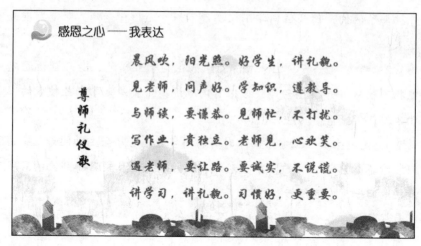

图2-2

设计意图：通过展示日常生活中的真实片段，让学生意识到自身存在的不良行为，在班集体中的正面舆论引导下发现问题，改正问题，明确规范，提高素养。

第三环节：尊师重教——我倡导

活动1：学生重新分组，合作完成团体游戏"夸夸我们的老师"。

活动内容：

老师是学生成长道路上的引路人，他们以高尚的人格感染着我们，以扎实的学识引领着我们。那么同学们有没有仔细观察过老师，他们有哪些优点值得我们学习？让我们来找一找。

1. 按照学科分组

全班同学均分为n组（按照具体学科划分），每科科代表为本组组长，带领本组成员摆放本组所需器材（每组一张长桌及对应人数的板凳，每组长桌的排头准备一个标识牌，素描纸一张，水彩笔一盒）

2. 为老师找优点

每组成员寻找本组组长所负责学科教师的优点，由组长进行记录，以备讨论完后进行汇报。优点范围不限，可以是任教方面，也可以是教师的个人生活、家庭。要有理有据地细化所列优点，不能泛泛而谈，优点尽量翔实。

3. 绘制教师欣赏报

各组利用分发的工具为本组所负责学科教师绘制一份《教师欣赏报》，标题为"我们眼中的××老师"，内容为大家集中讨论归纳出的教师的优点，并用水彩笔进行勾勒美化。

4.分享展示欣赏报

科代表去办公室邀请任课教师到教室中心位置就座，各小组利用投影仪展示所绘制的《教师欣赏报》，并由小组代表表达学生对教师的爱戴之情，任课教师可适时与学生互动，以活跃气氛。

活动2：老师是辛勤的耕耘者，他们勤勤恳恳，默默付出，不计回报。同学们学到的每一点知识，获得的每一点进步，都渗透着老师的汗水和心血。全体同学起立，真挚地说一声：老师，您辛苦了！并用歌声表达对老师的敬爱之情，全班合唱《感恩的心》。

设计意图：以团体游戏的方式凝聚集体力量，共同找出任课教师身上的优点，让学生认识到教师的可爱可敬之处，在良好的师生互动中拉近师生的情感，渗透尊师重教理念。

结束语：

是老师，教我们认得了"大小多少"；是老师，教我们学会了"加减乘除"；是老师，教我们学会辨别是非善恶；是老师，教我们懂得知恩图报。我们不仅从老师那里获得了知识，而且懂得了做人的道理。可以说，每一个人的成功，都与自己的老师有关。尊敬老师不仅仅是教师节才有的专利，要落实到日常生活中。课堂上，你专心地听课，这便是感恩！下课后，一声礼貌的"老师好"，这也是尊重！用你一点一滴的进步来回报老师，更是对老师的敬爱！希望各位同学能将今天所说的一切化为实际行动，用你们的一言一行来表达对老师的尊敬与爱戴。

拓展延伸：

课后科代表将《教师欣赏报》作为教师节礼物送给任课教师，以留作纪念。作为回馈，班主任组织任课教师每人录制一段新学期寄语，为刚进入中职不久的学生解读中职生活，为学习支招儿，为梦想引航，鼓励学生珍惜青春，不负韶华，勇于追梦。

教育反思

本次主题班会由名人故事情景剧引入主题，以模拟情景的形式感悟主题，最后以团体游戏、共唱感恩歌升华主题。先由三个小组的学生声情并茂地演绎古今名人的尊师故事引入班会主题；再以师生之间日常故事的分享引导学生换位思考，培养学生尊师美德；通过团体游戏"夸夸我们的老师"，增进师生友谊，缩短师生距离。学生深受感染，表现出对教师工作的理解与支持，共同感悟尊师重教的美好。

第三课　月满中秋，情满中华

——农历八月十五中秋节

节日简介

中秋节

图3-1

　　每年农历八月十五，是中国传统的中秋佳节。这是一年秋季的中期，所以被称为中秋。在中国的农历里，一年分为四季，每季又分为孟、仲、季三个部分，因而中秋也称仲秋。中秋节还有许多别称，如"月夕""八月节"。此夜，人们仰望天空中如玉如盘的朗朗明月，自然会期盼家人团聚。远在他乡的游子，也借此寄托自己对故乡和亲人的思念之情。所以，中秋节又称"团圆节"。中秋节以月之圆寓意人之团圆，寄托思念故乡、思念亲人之情，祈盼丰收、幸福，成为丰富多彩、弥足珍贵的文化遗产。2006年5月20日，中华人民共和国国务院将其列入首批国家级非物质文化遗产名录。自2008年起，中秋节被列为国家法定节假日。

教育构思

教育背景：

中秋节作为中国的传统节日，饱含着许多人的期待，寄托着无数人的相思，在朴素的"月圆人团圆"的希冀中，已经成为中华优秀传统文化的一部分。习近平总书记指出："要推动中华优秀传统文化创造性转化、创新性发展，以时代精神激活中华优秀传统文化的生命力。"中秋节作为文化基因的纽带，它的背后蕴含着天人合一的思想、敬天礼地的传统、家国相依的情怀、幸福生活的追求，这些所指向的，正是和平、圆满、美好等人类永恒追求的事物。青少年应该在深入理解传统文化时代内涵的基础上，坚定文化自信，继承和弘扬优秀传统文化。

班情分析：

授课对象为中职数控技术应用专业一年级学生。受家庭教育和传统风俗的影响，他们对中秋节的典故和习俗比较了解，但随着生活条件的改善，月饼已经不是中秋节的专利，节日的氛围也逐渐变淡。另外，受影视剧和商家宣传促销影响，部分学生崇尚过洋节，对传统节日缺乏兴趣。学生未能了解中秋节背后所蕴含的时代新意，需要教师进行正确引导。

教育目标：

认知目标：了解中秋节的由来、传说和习俗，体会中国传统节日中所蕴含的文化内涵。

情感目标：重视传统节日中所传递的精神传统，理解中秋佳节适应时代发展的新节俗内涵。

行为目标：弘扬中华传统文化，把爱国和爱家统一起来，把实现个人梦、家庭梦融入国家梦、民族梦。

教育方法：

知识讲授法、游戏体验法、合作交流法、情感陶冶法。

设计意图：本次班会从中秋节的由来、传说、习俗出发，设计了"千古明月话中秋""诗情画意品中秋""万家灯火迎中秋"三个大环节，引导学生通过看视频、讲故事、诵古文、飞花令、猜灯谜、谈感想、表决心等诸多形式，增强节日文化理念，传承节日文化，弘扬民族精神，培养学生的家国情怀，使其建立文化自信。

活动准备：

1. 教师准备

（1）提前在糕饼店定制月饼。

（2）准备十个中秋节灯谜。

（3）下载视频短片《家圆团圆》。

（4）下载歌曲《中国的月亮》。

2. 学生准备

（1）布置教室，按照要求摆放桌椅。

（2）各小组按照教师的分配准备素材：一组学生搜集中秋节的起源发展；二组学生搜集中秋节的神话传说；三组学生分享中秋节的趣味习俗。

（3）每个小组准备一首中秋节诗词。

教育过程

暖场活动：听口令抢月饼

活动规则：教室中间摆一排桌子，放上4个月饼，每个小组派出一名选手和其他小组结对，然后在桌子两侧站好，两人中间有一个月饼。听班主任口令触碰身体相应位置，如头发、耳朵、鼻子、肩膀、臀部等，在听到"月饼"指令时才可以抢月饼。犯规者淘汰，其他队员替补，获胜小组分吃月饼。

第一环节：千古明月话中秋

活动1：了解中秋节的由来。中秋节是我国的传统节日，有着悠久的历史渊源，由一组学生展示中秋节的起源发展。

分享内容：

"中秋"一词，最早见于《周礼》，《礼记·月令》上说："仲秋之月养衰老，行糜粥饮食。"到魏晋时，有"谕尚书镇牛淆，中秋夕与左右微服泛江"的记载。直到唐朝初年，中秋节才成为固定的节日。《唐书·太宗记》记载有"八月十五中秋节"。中秋节的盛行始于宋朝，至明清时，已与元旦齐名，成为中国的主要节日之一，这也是中国仅次于春节的第二大传统节日。

一说中秋节起源于古代帝王的祭祀活动。《礼记》上记载"天子春朝日，秋夕月"，夕月就是祭月亮，说明早在春秋时代，帝王就已开始祭月、拜月了。后来贵族官吏和文人学士也相继仿效，逐步传到民间。

二说中秋节的起源和农业生产有关。秋天是收获的季节。八月中秋，农作物和各种果品陆续成熟，农民为了庆祝丰收，表达喜悦的心情，就以"中秋"这天作为节日，所以中秋节可能是古人"秋报"遗传下来的节日。

活动2：了解中秋节的神话。中秋节承载着古人的希冀，寄托着人们的美好祈愿，由二组学生展示中秋节的神话传说。

分享内容：

1. 嫦娥奔月

远古时候，后羿射日为民造福后，向王母求得一包不死药，并交给嫦娥珍藏。后羿外出狩猎时，嫦娥受歹人胁迫，吞下不死药飞升成仙。后羿思念妻子，便在后花园里摆上香案，遥祭在月宫里的嫦娥。百姓们也纷纷在月下摆设香案，向善良的嫦娥祈求吉祥平安。

2. 吴刚折桂

相传月宫里有一个人叫吴刚，曾跟随仙人修道，因此到了天界。但是他犯了错误，仙人把他贬谪到月宫，每天都砍伐月宫前的桂树，以示惩处。这棵桂树生长繁茂，有五百多丈高，每次砍下去之后，被砍的地方又会立即合拢，仙人把这种永无休止的劳动作为对吴刚的惩罚。

3. 玄宗故事

相传唐玄宗中秋望月，突然兴起游月宫之念，于是天师作法一起步上青云漫游月宫。忽闻仙声阵阵，唐玄宗素来熟通音律，于是默记心中。这正是"此曲只应天上有，人间能得几回闻"！日后玄宗回忆月宫仙娥的音乐歌声，自己谱曲编舞，创作了历史上有名的《霓裳羽衣曲》。

4. 月饼起义

相传元代朱元璋起义时，军师刘伯温令属下把藏有"八月十五夜起义"的纸条藏入饼子里面，再派人分头送到各地起义军中。后来，朱元璋传下口谕，将当年起兵时秘密传递信息的"月饼"作为节令糕点赏赐群臣。之后中秋节吃月饼的习俗便在民间流传开来。

活动3：熟悉中秋节的习俗。中秋节是深受中国人喜爱的一个节日，有着丰富的欢庆活动，由三组学生分享中秋节的趣味习俗文化。

分享内容：

1. 吃月饼

月饼是久负盛名的中国传统糕点之一，每到中秋节都会被当作赠品，送给亲朋好友以表团圆之意。当全家人依次拜祭月亮之后，由当家主妇切开团圆月饼。切的人预先算好全家共有多少人，不能切多也不能切少。

2. 拜兔儿爷

有一个传说，有一年北京城里忽然起了瘟疫，嫦娥看到此情景，就派身边的玉兔去为百姓们治病，玉兔挨家挨户地治好了很多人。每到中秋，家家用瓜果菜豆供奉玉兔，酬谢它带给人间的福祉，并且称玉兔为兔儿爷。

3. 走月亮

中秋夜，妇女盛装出行，踏月彻晓，谓之"走月亮"。一般是女子盛装打扮后，结伴在月下游玩。据说苏州妇女走月亮，至少要过三座桥且不能重复，这就不仅靠体力，还需靠智力。

4. 偷儿女

中秋之夜，家家都要摆瓜果祭月，一些无儿无女的人家便会于夜深时去别人家偷拿一些红枣瓜果等食物，取其"早生贵子"之意。即使此举被主人家发现，主人也不会追究。

设计意图：通过中秋节的由来、传说、习俗等展示活动，锻炼学生的语言表达能力，让学生对中秋节产生更为直观的认识，感知中秋节的历史渊源，体会传统文化的美好寓意，点燃学生对中秋佳节的探索热情，深化对传统文化的认知与认可。

第二环节：诗情画意品中秋

活动1：赏析中秋古诗词。诗人们常在中秋节咏怀，妙笔成篇，写下了大量熠熠生辉、流传不朽的诗作，请四个小组各分享一首中秋诗词，在古风配乐中感悟诗人情怀和人生哲理。

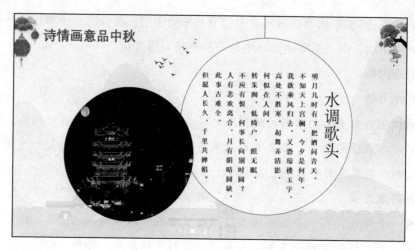

图3-2

活动2：竞赛中秋飞花令。飞花令是古人行酒令时的一个文字游戏，源自古人的诗词之趣，得名于唐代诗人韩翃《寒食》中的名句"春城无处不飞花"。四个小组玩飞花令，每个小组说出一句带"中秋"或"月"的诗，答不出的小组淘汰，直至决出最后获胜小组，获胜小组奖励一个月饼。

活动3：竞猜中秋灯谜。古时，中秋月圆夜在公共场所会挂上许多灯笼，人们聚集在一起，猜灯笼上写的谜语。班主任展示灯谜，各小组抢答，得分最高的小组获胜，获胜小组奖励一个月饼。

灯谜内容：

中秋佳节结良缘（打我国一城市名）——谜底：重庆

十五的月亮悬庭前（打北京一地名）——谜底：圆明园

华夏共赏中秋月（打一旅游用语）——谜底：集体观光

春色满园十五夜（打一成语）——谜底：花好月圆

中秋夜半垄上见（打一成语）——谜底：望子成龙

中秋月亮照海滩（打一成语）——谜底：一盘散沙

一轮明月照窗前（打一成语）——谜底：光临舍下

欲上月宫折桂枝（打一成语）——谜底：高不可攀

十五的月亮（打一成语）——谜底：正大光明

举头望明月（打一中药）——谜底：当归

设计意图：通过中秋节诗词赏析、飞花令、猜灯谜等体验活动，让学生感受古人在传统节日的高雅之趣，激发学生对传统节日的浓厚兴趣和喜爱之情，体味传统文化丰富的人文内涵，感受传统文化的博大精深，提高学生的文化素养，为后续中秋文化的学习、感悟、践行奠定基础。

第三环节：万家灯火迎中秋

活动1：感悟中秋家国情怀。班主任播放贾樟柯导演的中秋节短片《家圆团圆》，展示游子对团圆的期盼和对故乡的依恋。学生表达自己对中秋的认知及对家国团圆的愿景，在分享讨论中，体现中秋佳节的生活实践价值和传统文化的精神慰藉价值。

活动2：体悟中秋时代价值。家和万事兴的中华民族传统家庭美德，铭记在中国人的心中，融入中国人的血脉中。习近平总书记非常重视家庭团聚的幸福："团聚最喜悦，团圆最幸福，团结最有力。"家国情怀已经成为中秋文化的新内涵。请各小组讨论并分享：我们该如何传承中秋文化？

分享内容：

一组："天下之本在家。"千千万万个小家庭的幸福，汇聚成中华民族的大团结。我们应该珍惜中华儿女的亲情，珍惜中华民族命运共同体的血脉联系，铭记为国家安康而做出奉献和牺牲的优秀中华儿女。

二组："千家万户都好，国家才能好，民族才能好。"家庭的前途命运同国家和民族的前途命运紧密相连。我们建设好自己的小家庭，传承优秀家风，弘扬家庭美德，为祖国的团结昌盛做出自己的贡献。

三组：爱国与爱家在本质上是统一的。家国情怀，是对自己国家的高度认同感和归属感的具体表现。新时代新征程上，我们要心系家国，将家庭梦融入民族梦之中，奋力投身这伟大的时代，用实干共同书写祖国昌盛的精彩华章。

四组："乘风好去，长空万里，直下看山河。"作为新时代青年，我们要有家国情怀，勇于承担时代所赋予的使命，主动担当作为，将奋斗的力量汇入波澜壮阔的伟大实践中去，成为实现中华民族伟大复兴的生力军。

活动3：唱响中秋美好赞歌。李白的"举头望明月，低头思故乡"，杜甫的"露从今夜白，月是故乡明"，王安石的"春风又绿江南岸，明月何时照我还"等诗句，都是千古绝唱。月到中秋分外明，伴随着月之随想，请全体同学欣赏彭丽媛老师的中秋赞歌《中国的月亮》，让明月见证我们对祖国的深情。

设计意图：通过观看贾樟柯导演的中秋短片、品味习近平总书记的话语、欣赏彭丽媛老师的中秋赞歌，让学生体会到中秋节作为文化基因的纽带，承载着浓厚的故乡情、家国情，让学生认识到生逢其时，重任在肩，树立为家园奋斗的理想信念。

结束语：

"海上生明月，天涯共此时。"这一刻，星月汇聚，月洒人间，情入心田。明月皎皎，总能唤起人们心中对家和国的美好祝愿。家团圆，人和睦，国安宁，中秋节承载着我们对团圆和睦的美好追求，更饱含深沉厚重的家国情怀。中秋月更圆，家国情愈浓。在这个万家团圆的重要时刻，让我们把历久弥新的传统文化照进现实，将家国情怀转化为新时代爱国奉献的热情和脚踏实地的行动，自觉担起时代使命，用拳拳赤子之心书写新时代奋斗答卷！

拓展延伸：

中秋假期陪伴家人，和他们一同做家务、做美食、做运动，共享团圆美好时光。每位学生拍摄一张和家人共度中秋的照片，打印出来后附上中秋节感想，张贴到班级的宣传栏，在班级内营造美好团圆的温馨氛围。

教育反思

本次主题班会结合班级实际情况，以及习近平总书记关于传承传统文化的重要指示而设计，通过层层递进的教育活动，让学生深入了解中秋节的起源、发展与创新，认识到中秋节就像情感代码源，修复人们内心的缺失，凝聚中华儿女的内在精神，契合家国情怀，从而产生深刻的文化认同和文化自信。

第四课　热爱祖国，追梦中华

——10月1日国庆节

节日简介

国庆节

图4-1

　　1949年10月1日，毛泽东主席在天安门城楼上庄严宣告中华人民共和国中央人民政府成立，30万军民齐聚天安门广场，参加了开国大典。在中国共产党的领导下，中国人民自强不息，团结御辱，终于取得了革命的胜利，推翻了压在中国人民头上的三座大山，摆脱了半殖民地半封建社会，彻底结束了被奴役的屈辱历史，成为独立自主的国家！新中国的诞生值得每一位中国人庆贺！1949

年10月9日，中国人民政治协商会议第一届全国委员会第一次会议中，政协委员马叙伦提出关于确定10月1日为国庆日的建议。经讨论决定，会议一致通过《请政府明定十月一日为中华人民共和国国庆日，以代替十月十日的旧国庆日》的建议案。1949年12月2日，中央人民政府委员会第四次会议通过《关于中华人民共和国国庆日的决议》，规定每年10月1日为国庆日。

教育构思

教育背景：

中华人民共和国国庆节是国家的一种象征，是一个独立国家的标志，承载着国家的团结力和民族凝聚力。作为一个全民性的节日，我国每年国庆节都会举行大规模的庆典活动，借此时机彰显国家力量，扬国威、军威，振奋民族精神，凝聚民族力量。作为新一代的中职生，要立足个人实际，树立远大目标，将自己的个人理想与国家梦想联系起来，通过自身不懈努力，为实现国家梦想和民族梦想贡献自己的力量。

班情分析：

授课对象为中职计算机网络技术专业一年级学生。经调查发现，不少学生缺乏远大的理想抱负，学习目标模糊，厌学情绪严重，对未来感到迷茫。但他们思维敏捷，易于接受新事物、新观念，易受榜样的影响。在国庆节到来之际召开主题班会，以此为契机激发学生的民族自豪感和历史责任感，让学生清楚地认识到自己肩负的使命，自觉将自己的前途同祖国的命运结合起来，树立为国读书的远大理想。

教育目标：

认知目标：了解中国近现代曲折而辉煌的奋斗历程，增强个人历史使命感与社会责任感。

情感目标：激发爱国情感和民族自豪感，坚定为振兴中华而认真学习、努力奋斗的信念，将个人追求与国家命运相联系，树立远大理想。

行为目标：清晰自我定位，坚定理想信念，寻找个人目标与集体意志的契合点，制订个人提高计划。

教育方法：

情感体验法、小组讨论法、合作探究法、榜样示范法。

设计意图：本次班会设计通过听音识曲，回味经典，引入主题，依次设计了"忆往昔峥嵘岁月——铭记历史，不忘初心""看今朝时代赞歌——坚定信念，勇挑重担""展未来辉煌中国——心怀理想，躬身实践"三个活动环节，引导学生认识到爱国爱党的重要性，感悟爱国主义思想真谛，进而将爱国爱党的理想信念投入到实际行动之中。

活动准备：

1. 教师准备：

（1）准备14首红歌的伴奏及一个立麦。

（2）剪辑视频《抗战在青岛》《建设在青岛》。

2. 学生准备

（1）利用十一假期观看影片《我和我的祖国》《厉害了，我的国》，了解新中国成立以来取得的重大成就。

（2）一组学生负责剪辑国庆大阅兵的视频片段，二组学生负责剪辑全国脱贫攻坚总结表彰大会的视频片段，三组学生负责剪辑中美高层战略对话的视频片段，四组学生负责排演情景剧《最美逆行者》。

（3）教室书桌排成U形，将立麦放在教室中间。

教育过程

暖场活动：听音识曲

活动规则：班主任用多媒体随机播放14首红歌的伴奏，当熟悉的旋律响起，各小组积极抢麦，抢麦成功后需要跟着旋律至少唱两句，记分员给各小组计分。一首首经典红歌，一曲曲动人旋律，把大家带回那个特殊的年代。通过重温红歌引入本次班会的主题——热爱祖国，追梦中华。

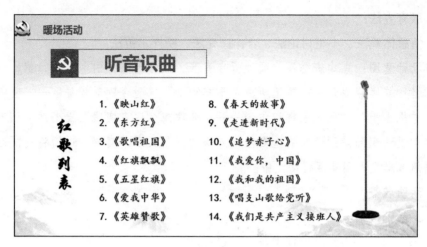

图4-2

第一环节：忆往昔峥嵘岁月——铭记历史，不忘初心

活动1：了解历史，感悟历史。班主任播放视频《抗战在青岛》，让学生了解自己生活的土地曾经遭受的重创，感受现在美好生活的来之不易。

演示内容：

场景1：1914年8月，第一次世界大战爆发，对青岛早有觊觎之心的日本趁德国陷入"欧战"而无力东顾之机，于8月23日对德国宣战。德国见在青岛的利益不保，于投降前炸毁了炮台，炸沉了船舰，堵塞了军港。

场景2：26年后，日军再次入侵青岛，国民党政府在强敌面前炸毁了九大纱厂，把船舰炸沉在了航道上。日军侵占青岛后，实行法西斯统治，青岛人民生活在水深火热之中。

场景3：即墨、平度、莱西、崂山等地纷纷组成了抗日游击队和义勇军，在中国共产党的领导下，在各地群众的帮助下，青岛人民同日本侵略者展开了殊死斗争，承受了巨大的创痛与牺牲，写下了可歌可泣的一页。

活动2：了解现状，感悟变化。班主任播放视频《建设在青岛》，让学生感受青岛的沧桑巨变，小组讨论后每组派一名代表上台分享心得感悟。

演示内容：

场景1：刚成立的新中国一穷二白，内外交困。国民经济因为战争遭到严重破坏，政治制度还不够完善，人民生活水平比较低下；国外又有外国军事势力虎视眈眈，西方列强实行外交孤立，弱小的新中国在世界的夹缝中艰难生存。

场景2：抗战结束后，青岛降格为地级市，地域大幅减少。青岛结合自身实际，创建了技术产业开发区，运用这里特色众多的旅游资源，打造了一个独一无二的濒海旅游城市，开始大发展之路，城市规模再一次扩大。

场景3：青岛在城市规划史上融入了西方管理方式，形成了独特的城市结构，对其他都市建设具有一定的学术研究价值。大面积的城市建筑群与汪洋大海相连，隽永美观，形成了充满人文特征的海滨之城，城市个性独特。

设计意图：重温那段艰苦的岁月，让学生警醒，现在的幸福生活是抗战英雄用鲜血和生命换来的，是劳动人民用勤劳和汗水建设的，值得我们永远铭记，永远珍惜。虽然浴血奋战、硝烟弥漫的战火已离我们远去，但先辈的伟大事业应奋力推进向前，民族的奋斗精神应世代相传。

第二环节：看今朝时代赞歌——坚定信念，勇挑重担

活动1：赏军事强盛。一组的学生播放视频《大阅兵》片段，感悟新中国成立以来我国国防和军队现代化建设的伟大成就，以及我军捍卫国家安全和发展利益、维护世界和平的坚定决心，激发学生的民族自信心和自豪感。

演示内容：

2020年10月1日，北京天安门广场鲜花簇簇，彩旗飘扬，随着礼炮声响起，在《义勇军进行曲》的伴随下，一支支受阅方队徐徐映入眼帘。一辆辆坦克隆隆驶来，一枚枚导弹直指苍穹，接受党和国家的检阅；那整齐的步伐、矫健的身姿，千人队伍步伐一致，宛如一人，向全世界展示了中国的强大、科技的先进，同时也表达了中国人民爱好和平的愿望。中国人民从站起来到富起来再到强起来，是亿万中国人共同努力的结果，今天的中国在洗刷了百年耻辱之后，正朝着复兴中华民族的宏伟大业阔步向前。

活动2：看经济繁荣。二组的学生播放剪辑视频《决胜脱贫攻坚》，感悟中国共产党为中国人民谋幸福、为中华民族谋复兴的责任担当，让全体学生见证新时代的"中国奇迹"，激励学生站在新的起点奔向更加美好的明天。

演示内容：

2021年2月25日，全国脱贫攻坚总结表彰大会隆重举行，习近平总书记出席大会并发表重要讲话："今天，我们隆重召开大会，庄严宣告，经过全党全国各族人民共同努力，在迎来中国共产党成立一百周年的重要时刻，我国脱贫攻坚战取得了全面胜利，现行标准下9899万农村贫困人口全部脱贫，832个贫困县全部摘帽，12.8万个贫困村全部出列，区域性整体贫困得到解决，完成了消除绝对贫困的艰巨任务，创造了又一个彪炳史册的人间奇迹！这是中国人民的伟大光荣，是中国共产党的伟大光荣，是中华民族的伟大光荣！"

活动3：展外交风采。三组的学生播放剪辑视频《中国外交官》，感悟中国外交家们的强大气场，体会不卑不亢的大国外交风范，激发学生的爱国热情，激励学生挺身而出，为国效力。

演示内容：

2021年3月19日，中方应邀来到安克雷奇同美方举行中美高层战略对话。面对美国官员不讲外交礼节，不行待客之道，中国外交团成员背靠着中国人民的发言掷地有声、字字铿锵，直击美国痛点："我们把你们想得太好了，我们认为你们会遵守基本的外交礼节。所以我们刚才必须阐明我们的立场。我现在讲一句，你们没有资格在中国的面前说，你们从实力的地位出发同中国谈话。""与中国打交道，就要在相互尊重的基础上进行。历史会证明，对中国采取卡脖子的办法，最后受损的是自己。"

活动4：谈自身体会。小组讨论后，每个小组派一名代表上台分享感悟。

分享内容：

代表1：国庆大阅兵让我倍感自豪！我们不会忘记，当年那一道道鞭笞在我们身上留下的伤疤，火烧圆明园、八国联军、日军全面侵华、南京大屠杀！这一笔笔都会刻在我们的心底，民族的未来在青年，吾辈当自强。

代表2：脱贫攻坚战解决了困扰中华民族几千年的绝对贫困问题，创造了又一个彪炳史册的人间奇迹！感恩祖国为人民所做的一切，我为自己成为历史的见证者而自豪，我为自己是中国人感到骄傲！

代表3：看到外交官们在谈判桌上捍卫祖国的权益，再联想到百年前中国外交官低头叹气的照片，真是今非昔比！中国的发展和壮大是不可阻挡的，厉害了，我的国！厉害了，我们的外交官，因为他们代表着中华人民共和国的亿万民众。

设计意图：通过国庆阅兵、全民脱贫、中国外交三个案例，引导学生了解祖国的发展，了解家乡的变化，增强对祖国、对家乡的热爱；深刻认识爱党、爱国和爱社会主义的重要性，点燃爱国热情，增强学生的历史使命感。

第三环节：展未来辉煌中国——心怀理想，躬身实践

活动1：欣赏情景剧。四组的学生表演小品《最美逆行者》，展现新时代青年最好的模样，弘扬伟大抗疫精神，激发强大奋进力量！

活动背景：

在这次抗击疫情的斗争中，以90后为代表的青年一代挺身而出，4.2万驰援湖北的医护人员中，有1.2万是90后，其中相当一部分还是95后甚至00后。不仅仅是医务人员，在广大社区工作者、公安干警、基层干部、志愿者等抗疫一线工作者中，也有很多90后的身影。参与到新冠肺炎疫情防控一线的青年人，大多经历过2003年席卷全国的非典病毒，亲身经历了全国人民万众一心战胜病魔的过程。17年后面对新冠病毒的肆虐，新一代的青年人以自己力所能及的行动诉说：这次轮到我们守护祖国。在防疫的第一线，在祖国和人民需要的地方，青年人义不容辞。

活动2：畅谈未来。

班主任提出问题：作为一名中职生，我们应该如何爱国呢？

开启主题研讨："祖国，我们深情地对你说"，学生联系自身实际，畅所欲言，交流感悟。

分享内容：

代表1：新时代青年在祖国的关键时刻、危难关头，用勇敢与坚强、责任与担当、无畏与无私，成为这个战场上披坚执锐、英勇奋战的生力军，生动诠释了中国青年志存高远、报效祖国的坚定信念和迎难而上、永远奋斗的责任担当。

代表2：只有把初心落在行动上，把使命担在肩膀上，才承担得起时代交付的责任。我们要用知识武装自己，保持一颗积极进取的心，努力学习，用最先进的科学技术和人类的灿烂文化武装自己，学好建设祖国的本领，将来在自己的工作岗位上为祖国的建设贡献聪明才智，让祖国的明天更美好。

设计意图：亲身参与，共同演绎，情感共鸣，通过抗疫实事中的青年担当，帮助学生深入思考新时代中职生应该如何爱国，认识自己肩负的历史使命，明确现阶段自己的首要任务——心怀理想，躬身实践。

结束语：

同学们，经历了70多年的风雨，祖国已然强大，现在正处于"两个一百年"奋斗目标的历史交汇期，到2035年，国家将基本实现现代化，到2050年，将建成社会主义现代化强国，奋斗实现中国梦依旧是国家和人民共同的选择。

每个人都有理想和追求，所有人的理想共筑了中国梦。真正的爱国不是一次主题班会所能完全体现的，更应该体现在平时的一点一滴中，时刻铭记历史、坚定信念、躬身实践。让我们把满腔的爱国情怀化为行动，从爱父母、爱学校、爱老师、爱同学、爱班级做起，认真思考自己助力梦想的最大优势和逐梦路中最需要提高的点，确定自己的努力方向，用每一天的努力去开创美好的新纪元。

拓展延伸：

课后四个小组分别创作一首诗歌或散文，以歌颂祖国、歌颂家乡或热爱校园、热爱生活为主题。完成后小组间分享交流，修改润色，然后选拔小组代表去学校广播电台朗诵，营造朝气蓬勃、积极向上的校园文化氛围。

教育反思

本次主题班会由"听音识曲"活动引入主题，以战争年代青岛人民共御外侮、前赴后继、精忠报国的奋斗史点燃学生爱国热情，以和平年代国庆阅兵、全民脱贫和中国外交三个真实案例激发学生的民族自豪感，以致敬《最美逆行者》唤醒青年的家国情怀与责任担当。引导学生认识到中国特色社会主义的中国道路是我们要永远坚持走下去的道路，而青年人承担着建设和发展中国特色社会主义，实现中华民族伟大复兴的历史使命，应有志存高远、报效祖国的坚定信念和迎难而上、勇于奋斗的责任担当。通过爱国主义教育，使学生真正树立起为振兴祖国、提高中华民族素质奋发读书的远大理想，从而提高学习积极性。

第五课　爱在重阳，孝行天下

——农历九月初九重阳节

重阳节

图5-1

在《易经》中九是最大的阳数，九月九日，日月并阳，故曰重阳。根据史料考证，重阳节在战国时期就已经形成，并且多被历代文人墨客吟咏，唐代被正式定为民间节日，此后历朝历代沿袭至今。重阳节在历史的发展演变中，糅合了多种民俗观念，承载了丰富的文化内涵。在民俗观念中，"九"在数字中是最大数，往往含有长久、长寿的寓意，寄托着人们对老人健康长寿的祝福。1989年，农历九月九日被定为"敬老节"，倡导全社会树立尊老、敬老、爱老、助老的风气。2012年全国人大常委会修订通过的《中华人民共和国老年人权益保障法》规定，每年农历九月初九为老年节。

教育构思

教育背景：

重阳节是我国重要的传统节日之一，自唐代被正式定为民间节日之后，一直沿袭至今。此节日被中华民族世代传承，承载着浓厚的历史底蕴，积淀了丰厚的文化内涵。2006年5月20日，重阳节被国务院列入首批国家级非物质文化遗产名录。如今，登高赏秋与感恩敬老成为重阳节活动的两大重要主题。《中等职业学校德育大纲（2014年版）》指出，中国精神教育和道德品行教育是中等职业学校德育的重要内容，特别是中华优秀传统文化教育和社会公德、家庭美德、个人品德以及文明礼仪教育。传承和弘扬重阳节文化传统、丰富重阳节节日内涵是每个学生的光荣使命。

班情分析：

授课对象为中职护理专业一年级学生，他们经过小学、初中阶段相关文学作品的学习以及每年重阳节的庆祝活动，对重阳节有了一定的了解，但大多停留在登高赏秋、把酒赏菊等常见习俗认知层面，未能深入挖掘其重要意义，也没有身体力行地继承和弘扬重阳文化。借助本次班会活动，引导学生结合专业特色，充分发挥专业特长，提升职业素养。

教育目标：

认知目标：了解重阳节的来历和习俗，深刻领悟中国传统孝道文化。

情感目标：激发学生对重阳节的浓厚兴趣、对中华优秀传统文化的探索热情、对长辈的感激和敬爱之情。

行为目标：主动继承和弘扬中华民族的孝道文化，做尊老、敬老、爱老、助老活动的代言人。

教育方法：

比拼竞争法、合作讨论法、榜样示范法、情感陶冶法、自我教育法。

设计意图：本次班会立足重阳佳节，抓住教育契机，通过体验、讨论、分享来感悟重阳文化，引导学生开展以下三个环节的活动："传统民俗温重阳""重阳佳节话孝道""孝道文化永传承"，激发学生对中华优秀传统文化的浓厚兴趣，让学生在文化的滋养中增强文化自信心和民族自豪感。

活动准备：

1. 教师准备

（1）将全班学生分为四个小组，初步拟定小组任务。

（2）选择四首具有代表性的诗词及古风配乐。

2. 学生准备

（1）每个小组准备三条长60厘米左右的彩绳。

（2）一组学生负责搜集重阳节的由来；二组学生负责搜集重阳节的习俗；三组学生负责搜集老年节的由来；四组学生负责搜集孝心少年的事迹材料。

教育过程

暖场活动：巧翻花绳

活动规则：每个小组发放三条彩绳，班主任和一名学生搭档示范翻花绳，并向学生讲述翻花绳的童年趣事。各小组体验并创新翻花绳，最后每个小组派出一队代表上台比拼，能翻出最多花样者获胜，奖励班主任亲手制作的重阳糕六块，由此引出本次班会的主题——爱在重阳，孝行天下。

第一环节：传统民俗温重阳

活动1：了解重阳节的由来。重阳节是我国的传统节日，有着悠久的历史渊源，由一组学生展示重阳节的各种源起之说。

演示内容：

历史渊源：在《易经》中有"六"为阴数，"九"为阳数之说，九月九日，日月同阳，两九相重，故曰重阳，也叫重九。重阳节在战国时期已经形成，当时已有在九月农作物丰收之时祭天帝的活动。在这一时期，重阳节作为一种祭祀之日而存在，具有祭祀祈祷风调雨顺的意义。自魏晋开始，重阳气氛日渐浓郁，到了唐代被正式定为民间的节日，此后历朝历代沿袭至今。

神话传说：一是求寿说，见于南朝（梁）吴均的《续齐谐记》：汝南桓景，随费长房游学累年，长房谓曰："九月九日，汝家中当有灾。宜急去，令家人各作绛囊，盛茱萸，以系臂，登高饮菊花酒，此祸可除。"景如言，齐家登山。夕还，见鸡犬牛羊一时暴死。长房闻之曰："此可代也。"今世人九日登高饮酒，妇人带茱萸囊，盖始于此。二是辟邪说，起源于东汉时期青年桓景访仙学艺为民除害的故事。桓景用仙长赠送的茱萸叶、菊花酒和降妖宝剑斩杀瘟魔，从此九月初九登高避疫的风俗年复一年地流传下来。后来人们就把重阳节登高的风俗看作免灾避祸的活动。

活动2：熟悉重阳节的习俗。重阳节是杂糅多种民俗为一体的中国传统节日，是深受中国人喜爱的一个节日，有着丰富的欢庆活动。庆祝重阳节一般包括登高远眺、观秋赏菊、品重阳糕、遍插茱萸、饮菊花酒等活动。由二组学生分享重阳节的各种习俗文化。

■ 传统民俗温重阳

登高远眺　登高是重阳节最具代表性的习俗，是重九习俗的核心，故重阳节又叫登高节。时逢佳节郊游登山，置身高处，极目远眺，既可以陶冶情操，又能够健身强体，可达到心旷神怡、健身祛病的目的。

观秋赏菊　重阳节正是一年金秋时节，是最好的赏秋时期，此时菊花盛放，赏菊也就成了重阳习俗的组成部分，重阳又称为菊花节，而菊花又称九花、长寿之花，因此重阳节赏菊有祈求长生延寿之意。

遍插茱萸　茱萸香味浓郁，古人认为在重阳节这一天登山插茱萸可以驱虫去湿、逐风邪，而且还有消积食、治寒热的功效。茱萸可以入药，可制酒养身祛病。故重阳节又叫茱萸节。

品重阳糕　吃重阳糕的寓意，最早是由重阳登高的习俗引申而来，不能登高或不想登高的人就在家中吃糕。"糕"与"高"同音，象征"人往高处走""步步高升""百事俱高"的祝福之意。

图5-2

活动3：欣赏重阳节的诗词。古时文人在重阳节登高抒怀之时，无不饮酒赋诗，留下了很多脍炙人口的诗作。由四个小组的组长分别抽签选择一首诗词和一首古风配乐，限时小组讨论、彩排。表演结束后，以全班学生掌声的热烈程度决定小组名次，获得第一名的小组每人奖励一块班主任亲手制作的重阳糕。

给定诗词：

九月九日忆山东兄弟

唐　王　维

独在异乡为异客，每逢佳节倍思亲。

遥知兄弟登高处，遍插茱萸少一人。

过故人庄

唐　孟浩然

故人具鸡黍，邀我至田家。

绿树村边合，青山郭外斜。

开轩面场圃，把酒话桑麻。

待到重阳日，还来就菊花。

醉花阴

宋　李清照

薄雾浓云愁永昼，瑞脑消金兽。

佳节又重阳，玉枕纱厨，半夜凉初透。

东篱把酒黄昏后，有暗香盈袖。

莫道不消魂，帘卷西风，人比黄花瘦。

采桑子·重阳

毛泽东

人生易老天难老，岁岁重阳。

今又重阳，战地黄花分外香。

一年一度秋风劲，不似春光。

胜似春光，寥廓江天万里霜。

设计意图：通过重阳节的由来、习俗、诗词赏析等展示活动，让学生感知中国传统节日重阳节的历史渊源，体会传统文化的美好寓意，点燃学生对重阳佳节的浓厚兴趣和探索热情，为后续孝道文化的学习、感悟、践行奠定基础。

第二环节：重阳佳节话孝道

活动1：了解敬老节的由来。重阳节作为中国四大祭祖节日之一，在传承过程中逐渐衍生出了新的时代意义，由三组学生分享敬老节的演化历史。

展示内容：

在我国的民俗观念中，九九重阳，二九重逢，"九九"与"久久"同音，而且九在数字中又是最大数，所以有生命长久、健康长寿的寓意。《吕氏春秋》中记载，九月秋收以后举行祭祖活动，感恩天地祖先恩德。到了汉代，便有了在重九日饮酒欢庆、祝福祈寿的活动。1989年，我国还把重阳节定为"敬老节"，倡导全社会形成尊老、敬老、爱老、助老的风气，将重阳节的意义由先人转向今人，从历史转到当下。此后，登高秋游以及感恩敬老就成为重阳节的两个主要议题。

活动2：感悟传统孝亲文化。中国传统孝道文化是一个复合概念，内容丰富，涉及面广，既有文化理念，又有制度礼仪。从敬养上分析可以用十二个字概括孝道文化，即：敬亲、奉养、侍疾、立身、谏诤、善终。教师展示《孝经》《论语》等中国古代文学作品中关于孝亲敬老的名句名篇，学生朗读吟诵，体会中国传统的孝道文化。

演示内容：

1. 敬亲

孔子曰："今之孝者，是谓能养。至于犬马，皆能有养，不敬，何以别乎？"中国传统孝道的精髓在于提倡对父母首先要"敬"和"爱"。

2. 奉养

《礼记·祭统》云："是故孝子之事亲也，有三道焉：生则养，……养则观其顺也……"中国传统孝道的物质基础就是赡养父母。

3. 侍疾

《汉书·王莽传》："世父大将军凤病，莽侍疾，亲尝药，乱首垢面，不解衣带连月。"中国传统孝道把"侍疾"作为重要内容。

4. 立身

《孝经》云："立身行道，扬名于后世，以显父母，孝之终也。"做子女的要"立身"并成就一番事业，终日无所事事，一生庸庸碌碌，是对父母的不孝。

5. 谏诤

《孝经》云："父有争子，则身不陷于不义。故当不义，则子不可以不争于父。"在父母有不义的时候，不能顺从，而应谏诤父母。

6. 善终

《孝经》云："孝子之事亲也……病则致其忧，丧则致其哀，祭则致其严……"儒家的孝道把送葬看得很重，在丧礼时要遵守各种礼仪。

活动3：观看孝心少年事迹视频。为加强未成年人思想道德建设和少年儿童核心价值观培养，中央电视台自2003年开始评选"最美孝心少年"，由四组学生分享一位孝心少年的感人事迹。

演示内容：

感动中国2017年度人物候选人：张浩（化名）。张浩的父亲在工作时全身90%的面积被严重烧伤，经过10天的抢救，父亲的命保住了，但因为大面积烧伤，需要进行复杂的植皮治疗。张浩克服对剧烈疼痛的恐惧，可能给身体留下一连串后遗症、影响学习等困难毅然两次为父亲植皮。武汉市第三人民医院栾医生忍不住感叹："张浩是我们做植皮手术以来遇到的年纪最小的割皮者，也是湖北省年纪最小的割皮者。"割皮后的张浩要承受一个成人都无法承受的疼痛，夜晚剧烈的疼痛让他无法入睡。

天地之性，人为贵。人之行，莫大于孝。这个坚强的孩子用自己瘦小的身躯扛起了命运的不幸，用乐观的笑容驱散了苦痛的阴霾，用感人的孝心为我们的生活点亮了感恩、文明之灯。他把大孝至爱装在心中，用无言的行动践行着中华民族的传统美德，他，让"孝敬"两字恒久芬芳。他用超越同龄孩子的坚强为少年撑起了孝心的旗帜！

设计意图：通过敬老节的由来、中国传统孝亲文化、最美孝心少年事迹等材料，帮助学生深刻领悟中国传统孝道文化的历史渊源和传承发展，增强责任意识和使命担当，坚定传承和弘扬孝道文化的信念和意志。

第三环节：孝道文化永传承

活动1：分享身边的孝心事迹。学生在组内分享自己孝亲敬老的故事和感悟，各小组推荐一个最具代表性的故事进行班内分享。班主任结合学生分享的孝亲敬老故事，引导学生思考："如何从身边小事做起，让孝亲敬老成为一种无须提醒的自觉？"全班齐读孝老敬亲"六心"。

孝老敬亲"六心"

常问好、讲礼貌，让长辈舒心；

少空谈、多帮忙，让长辈省心；

求上进、求正道，让长辈放心；

勤学习、苦钻研，让长辈开心；

遇难事、勤商量，让长辈称心；

遇矛盾、能宽容，让长辈顺心。

活动2：传承孝道人人有责。班主任引导学生思考："作为新时代的中职生，我们应该如何结合自己的专业传承并弘扬孝道文化？"学生小组讨论，并派代表在班级内分享，可归纳为以下四个方面：①养老：在物质生活上照顾赡养老人；②尊老：用学业上的进步让长辈感到欣慰；③敬老：在精神生活上真正尊敬长辈，④报恩：将孝敬长辈的爱心推及关心他人、关心集体、热爱祖国。具体措施：作为护理专业的学生，可以充分发挥自身的特长，到养老院、社区担任健康宣传大使，去做为老人按摩、测量血压、解答健康疑问、整理卫生等服务工作。

设计意图：通过孝亲故事分享，在班级中营造温馨的孝亲敬老氛围，通过教师的指导和提醒，帮助同学们学会推己及人，不单单是在家庭内部孝亲敬老，更要身体力行地在全社会范围内践行孝道文化，传承和弘扬中华优秀传统文化。

结束语：

伴随着飒飒秋风，我们走入如诗如画的秋梦中，品味着秋的内涵，感悟重阳的意义。重阳节带给我们的不仅仅是登高、赏菊、插茱萸，还以一种特殊节日的方式提醒着我们，尊老、敬老是我们每一个人义不容辞的责任，老年人更加需要关心、照顾与陪伴。我们要常怀敬老之情，继续弘扬中华民族尊老爱老的优良传统，自觉践行孝道文化，共建和谐敬老社会。

拓展延伸：

课后四个小组分别围绕指导老年人进行科学体育锻炼、帮助老年人策划退休文化生活、指导老年人正确饮食、引导年轻人孝老敬老四个主题制作宣传海报，完成后将孝老敬亲海报张贴到学校宣传栏，充分发挥班会的辐射作用，将重阳节所蕴含的深层内涵推而广之，让敬老孝亲传统文化得到传承和弘扬。

教育反思

本次主题班会结合护理专业学生的实际情况，以及当前习近平总书记关于思想政治理论课的重要指示而设计，通过一系列环环相扣的教育活动，让学生认识重阳佳节，感悟、传承孝道文化，并以此为切入点深入挖掘中华优秀传统文化，增强文化自信。

第六课　厉行勤俭，节约有道

——10月31日世界勤俭日

节日简介

世界勤俭日

图6-1

　　据权威报告显示，截至2020年7月，全球大约有78亿人。联合国预测，到2100年，世界人口将增长至110亿。随着全球人口数量增长，加上全球气候变化、污染等因素的影响，全球资源短缺压力不断加大。面对日益减少的可利用资源，节能减排迫在眉睫。勤俭节约是时代的呼唤，也是当代国际性的主题。为号召人们勤俭节约以应对全球资源短缺的危机，推动全球社会的可持续发展，在1924年举办的第一届国际储蓄银行大会上，由意大利教授Filippo Ravizza

提出，并最终于2006年由联合国确立了每年的10月31日为世界勤俭日（World Thrift Day）。

教育构思

教育背景：

2013年3月22日，教育部《关于在中小学幼儿园广泛深入开展节约教育的意见》提出，厉行勤俭节约、反对铺张浪费，引导广大中小学生从我做起、从身边小事做起，让勤俭节约蔚然成风。2016年6月3日，教育部《关于切实做好中小学节粮教育和管理工作的通知》明确提出，做好节粮教育，让孩子们从小懂得一粥一饭来之不易的道理，上好俭以养德的人生必修课，传承中华民族勤俭节约的传统美德，是推动社会文明进步的必然要求，是促进学生健康成长的必由之路，对未成年人思想道德建设具有重要意义。2020年9月9日，教育部印发《教育系统"制止餐饮浪费　培养节约习惯"行动方案》指出，坚决制止学校餐饮浪费行为，切实培养青少年勤俭节约习惯，引领带动社会文明新风尚。

班情分析：

授课对象为中职建筑工程施工专业一年级学生，班级内大多为男生，且家庭条件比较宽裕。从学生在校园内的消费情况，诸如教室里经常出现饮料，宿舍的橱柜塞满零食，餐厅就餐时买得多吃得少，可以看出大部分学生的勤俭节约意识非常淡薄。借由世界勤俭日召开主题班会，对学生进行勤俭节约教育，纠正学生的不良行为习惯，不仅有利于学生的健康成长，而且会影响家庭和社会，关系到国家和民族的未来。

教育目标：

认知目标：了解世界勤俭日的由来，理解勤俭节约是中国传统文化的重要组成部分。

情感目标：尊重劳动人民和劳动成果，树立"节约粮食光荣，浪费粮食可耻"的意识，培养勤俭节约的良好习惯。

行为目标：从日常点滴做起，珍惜地球资源，抵制过度消费，厉行勤俭节约，弘扬传统美德。

教育方法：

比拼竞争法、知识讲授法、榜样示范法、小组讨论法、情感熏陶法。

设计意图：本次班会以贯彻落实中央关于厉行勤俭节约、反对铺张浪费的精神为指引，设计了"知是行之始——认识勤俭""思是悟之源——感悟勤俭""行是知之成——践行勤俭"三个环节。从世界勤俭日的由来出发，引导学生诵古文、谈感想、学榜样、找不足、表决心。

活动准备：

1. 教师准备

（1）下载短视频《一年有多少粮食被浪费》。

（2）设计并发放学生问卷《寻找校园浪费现象》。

（3）下载手语操视频《劝君善待盘中餐》。

2. 学生准备

（1）一组学生搜集世界勤俭日的相关资料，二组学生搜集勤俭节约的历史渊源，三组学生搜集勤俭节约的家风故事，四组学生搜集共产党人勤俭节约的感人故事。

（2）各小组同学搜集勤俭节约的名言、典故。

（教育过程）

暖场活动：极速传递

活动规则：四位小组长抽签决定比赛次序，然后每个小组派出8名队员，在教室中间站成一竖排。班主任给第一位学生一张A4纸，学生五指张开，掌心朝上托起纸张，原地旋转一圈后传递给第二位学生，纸张掉落后要捡起继续进行，直至传递给最后一名学生。活动由班主任计时，用时最短的小组获胜。

第一环节：知是行之始——认识勤俭

活动1：了解世界勤俭日。一组学生分享世界勤俭日的发展历史和设立宗旨，让学生了解勤俭节约已经为世界所瞩目，是世界共识，也是国际主题。

知是行之始——认识勤俭

—了解世界勤俭日—

> 1924年，来自世界各地的29个国家参加了在意大利米兰举办的第一届国际储蓄银行大会。会议的最后一天，也就是10月31日，意大利教授Filippo Ravizza倡议大会的最后一天为"国际节能日"。之后大会通过决议，决定创立一个致力于促进全世界共同勤俭节约的"世界勤俭日"。该节日的确立，旨在号召人们勤俭节约以共同应对日益严重的资源危机，进而促进社会的健康可持续发展。社会要进步，国家要发展，这一切都离不开资源的消耗，但这一切更离不开人们的勤俭。目前全球230个国家人口总数已超过75亿，仅就地球资源消耗来说，人类也必须做到勤俭节约。

图6-2

活动2：了解古籍中的勤俭。勤俭被视为中华民族的传家宝，在古籍典章、民间谚语以及历史名人名言中，不乏对勤俭的精彩论述。请每个小组派代表分享勤俭节约名言，并简要说明其出处和寓意。

分享内容：

1. 静以修身，俭以养德

出自诸葛亮《诫子书》，意思是：依靠内心安静以集中精力来修养身心，依靠节俭的行为来培养品德。

2. 克勤于邦，克俭于家

出自《尚书·大禹谟》，意思是：在朝堂当中勤奋地为国家效力，在整个家庭当中能够勤俭持家。

3. 衣食当须纪，力耕不吾欺

出自晋陶渊明《移居》诗之二，意思是：穿的吃的需要自己亲自去经营，只要努力耕作，就不会徒劳无所得。

4. 历览前贤国与家，成由勤俭败由奢

出自唐李商隐《咏史》，意思是：遍观历代前贤治国治家的经验教训，成功多由勤俭，衰落常因奢侈。

设计意图：通过分享世界勤俭日的由来，让学生充分认识勤俭节约的重要意义。通过分享勤俭节约的古代名言，让学生认识到传统文化推崇的勤俭，不仅是一种外在行为，更是一种内在品德。

第二环节：思是悟之源——感悟勤俭

活动1：感悟——勤俭节约是中华民族的传统美德。崇俭戒奢、勤俭节约之传统美德在我国历史悠久，二组学生分享勤俭节约的历史渊源。

分享内容：

春秋战国百家争鸣，诸都倡导勤俭节约。《左传·庄公二十四年》有"俭，德之共也；侈，恶之大也"，《墨子》提到"俭节则昌，淫佚则亡"，《韩非子》说"侈而惰者贫，而力而俭者富"，《荀子·天论》讲"强本而节用，则天不能贫"等等。

在古代，勤俭节约常与社稷兴衰相联系。据《二十四史·晋书》，晋武帝时曾任御史中丞的傅玄看到时俗非常奢侈，便上书朝廷说，粮食和绢帛的生产很不容易，人们不注意节约，必然会出现断粮缺绢的时候。傅玄还表示，"奢侈之费，甚于天灾。"到了社会经济较为发达的唐代，勤俭节约的观念依然受到提倡。李绅从"四海无闲田"的丰收景象里看到"农夫犹饿死"的残酷现实；将"盘中餐"的粒粒粮食与农民在烈日之下的汗水联系在一起，凝成了"粒粒皆辛苦"的名句，使那些不知珍惜粮食的人受到教育。

活动2：感悟——勤俭节约的良好家风代代相传。中国古代很多文人墨客将勤俭节约融入家风家教当中，三组学生分享古代勤俭节约的家教故事。

分享内容：

朱熹简餐：理学家朱熹历仕四朝却一生淡泊名利，安守清贫。一次，他在女儿女婿家中吃了非常简陋的午餐却不以为意，并告诉女儿俭朴度日是良好家风，对于饮食不要计较多少和好坏。他还题了一首诗："葱汤麦饭两相宜，葱补丹田麦疗饥。莫谓此中滋味薄，前村还有未炊时。"女婿被岳父的俭朴之风与仁爱之心感动，便将此诗作为家训，于书房悬挂。

司马光育儿：史学家司马光的一生也十分节俭，他还把节俭作为教子成才的重要内容。古代家训中的名篇《训俭示康》便是他结合自身经历与认识所作，在文中，他自述"众人皆以奢靡为荣，吾心独以俭素为美"，并教育儿子司马康，"君子寡欲，则不役于物，可以直道而行"。在他的熏陶下，司马康以为人廉洁和生活俭朴而受后世称赞。

活动3：感悟——勤俭节约是共产党员的优良传统。勤俭节约的思想与风范是老一辈无产阶级革命家留给我们的一笔宝贵的精神财富，四组学生分享关于共产党人勤俭节约的感人故事。

分享内容：

雷锋的节约箱：雷锋有个"节约箱"，这是用破木板钉成的小木箱。他把捡来的破铜烂铁、废螺丝钉等东西都放在里边。遇到需要的时候，他就从"节约箱"里找出来适用的东西，不用的废品就拿去卖了，卖回来的钱全部交公。雷锋时刻注意一点一滴地为国家为集体积累财富。在给某工地运水泥时，车子上常洒落一些水泥。他就利用业余时间到每个车子上去打扫。不到两个月，就积攒了一千七八百斤水泥，也都交给了工地。

设计意图：勤俭节约，是中华民族的传统美德。古往今来，多少名人用实际行动做出了表率、树立了榜样，让学生重温那些厉行勤俭的故事，激发传承美好德行的信念。

第三环节：行是知之成——践行勤俭

活动1：反思铺张浪费。班主任播放短视频《一年有多少粮食被浪费》，各小组展开讨论，请小组代表分享校园内存在的铺张浪费现象。班主任展示课前发放的学生问卷的调查结果，引发学生思考。

分享内容：

视频内容简介：今天中国的粮食完全够吃，但食物浪费却发生在我们每天的生活里面。中国城市的人平均每一顿饭里的11.3%会被丢掉；我们平时的聚会，38%的食物根本不会打包，而是会被直接倒掉；而学生食堂里的饭菜，38%都会进入垃圾箱。就这样每次浪费一点点，我们的城市居民每年居然会浪费掉1800万吨食物，这可是5000万人一年的食物量。而这1800万吨食物的背后，是多少科学家和农业工作者用一生在为我们努力守护的幸福生活呢？

校园内的铺张浪费现象：校园浪费现象包括用水浪费、用电浪费、食物浪费、纸张浪费、一次性物品浪费、塑料浪费、电池浪费、用笔浪费。其中最令人惊心的是学校食堂粮食的浪费情况。

活动2：厉行勤俭节约。全国有千万所学校，每所学校都有几十甚至上百间教室、千余名师生，如果每人都大量浪费，那么后果不堪设想，所以校园浪费现象必须得到治理，请各小组就"日常学习生活中如何做到勤俭节约"展开讨论，并派小组代表分享观点。

分享内容：

1. 珍惜粮食——点餐要适量，做个"光盘族"

珍惜粮食，适量盛餐，不偏食，不挑食，避免剩餐，减少浪费。

到饭店吃饭时，点饭点菜不浪费，若有剩余的要尽量带回家。

积极监督身边的亲人和朋友，及时制止浪费粮食的现象。

2. 节约用水——拧紧水龙头，告别"滴答滴"

课间洗手不玩水，养成随手关闭水龙头的好习惯。

洗手、洗脸、刷牙时不要始终开着水龙头，应该间断性放水。

集中清洗衣服，减少洗衣次数，收集洗衣、洗菜、洗澡等水拖地。

用洗米水、过夜茶清洗碗筷，可以去油节水，减少洗洁精的污染。

清洗蔬菜时不要在水龙头下直接清洗，尽量放入盛水容器中清洗。

3. 节约用电——关闭总电源，赶走"偷电贼"

下课后要及时关掉教室的电脑、投影仪等多媒体设备。

做到不开无人灯，教室光线充足时，及时把灯关掉。

家庭使用的照明灯具，应尽可能选用高亮度、小功率的节能灯。

电器不用的时候要及时拔掉插头或关闭电源。

夏天空调的温度控制在26℃，温度太低对人体有伤害，同时耗电也严重。

4. 珍惜物品——循环多利用，告别"一次性"

打印纸要双面打印，或者另一面做草稿纸用。

少用纸杯、纸巾、一次性筷子等一次性物品。

尽量少用塑料袋，提倡用菜篮子或纸袋购物。

少喝饮料多喝水，易拉罐、饮料瓶等废旧物资要合理回收利用。

课本可以循环使用，或捐助给希望小学。

5. 理性消费——拒绝奢侈品，不做"攀比族"

不盲目追求名牌，不进行攀比消费。

尽量绿色出行，如地铁+公交+骑行+步行。

活动3：合唱勤俭歌曲。班主任播放手语操视频《劝君善待盘中餐》，全体学生跟唱，学习手语操，激励学生继续弘扬艰苦奋斗、勤俭节约的优秀传统。

分享内容：

一粒米，一碗饭，一串汗珠摔八瓣。

入奢易，入俭难，劝君善待盘中餐。

推杯换盏的时候，你可知道酒的源头。

杯盘狼藉的时候，你可知道米的来由。

不能忘春耕夏种，一双布满老茧的手。

不能忘旱涝虫灾，一个来之不易的秋。

亲友相聚的时候，并不是浪费的借口。

百年好合的时候，简朴也是一种追求。

要知道锦衣玉食，并不是真正的富有。

有时候粗茶淡饭，更能彰显品位操守。

设计意图：通过对浪费现象的反思，让学生清楚地认识到浪费行为的严重后果。通过对节约方法的集思广益，引导学生明确勤俭节约的方法与途径，自觉养成勤俭节约的习惯。

结束语：

勤俭节约是中华民族价值取向和道德风尚的体现。古往今来，大到邦国，小到家庭，无不是兴于勤俭，亡于奢靡。无论我们国家的经济水平发展到什么程度，无论我们的生活条件改善到什么地步，勤俭节约、艰苦奋斗的优良传统不能遗忘。浪费不以量小而为之，节约不以微小而不为。让我们行动起来，从身边做起，从小事做起，节约每一滴水，每一度电，每一粒米，弘扬中华民族勤俭节约的传统美德，共同创造现代化文明社会！

拓展延伸：

以小组为单位，设计并绘制节能标志，例如节约用水、节约粮食、节约用电、节约用纸等，上传到学校公共平台进行公共投票。评选出优秀作品后，可以批量印刷张贴在校园内需要提醒学生注意的位置，在校园内营造厉行节约、反对浪费的美好风尚。

教育反思

本次班会结合班级实际情况，结合古往今来具有教育意义的名言警句和历史典故，增加班会的趣味性，提高学生的参与度，激励学生继续弘扬艰苦奋斗、勤俭节约的优秀传统，自觉养成勤俭节约的习惯，让厉行节约、反对铺张浪费的风尚继续引领我们奔向更加美好的生活。

附：《寻找校园浪费现象》学生问卷

此调查问卷目的是为了了解同学们对校园中浪费现象的认识和看法，以此作为我们召开班会的第一手材料。答案无所谓对错，希望你能以认真的态度，选择与你的真实情况和想法相符合的答案。谢谢你对活动的支持！

下面各项问题可选一个或多个答案，并在选项处打"√"。

1. 你经常在校园中发现浪费现象吗？

A. 经常　　　　　B. 有时　　　　C. 很少　　　　D. 不清楚

2. 你认为浪费对我们的生活有很大的影响吗？

A. 有　　　　　　B. 没有　　　　C. 有一些　　　D. 不清楚

3. 你认为自己有浪费的现象吗？

A. 有　　　　　　B. 有时　　　　C. 很少　　　　D. 不清楚

4. 你在学校发现同学浪费的现象，会怎样做？

A. 制止　　　　　B. 不理睬　　　C. 看情况　　　D. 不清楚

5. 你在学校发现的最多的浪费现象是什么？

A. 吃的东西　　　B. 穿的方面　　C. 用的方面　　D. 资源方面

6. 当你制止别人的浪费行为时，别人不予理睬，你会怎样做？

A. 继续制止　　　B. 不再制止　　C. 帮助他　　　D. 不清楚

7. 举例说明你认为的校园浪费现象有哪些。

第七课　关注消防，共享平安

——11月9日全国消防日

节日简介

全国消防日

图7-1

　　火的使用是人类区别于动物，脱离愚昧走向文明的重要技能之一。火在人类文明的发展进程中发挥了不可替代的作用。然而，火与其他一般物质一样具有两重性，它给人类带来光明与温暖的同时，也具有可怕的毁灭能力。火一旦失去控制，可能会烧毁我们的物质财产，甚至夺走我们的生命。因此，安全用火、防火防灾是我们的责任和义务。冬季天干物燥，正是火灾多发之际，为普及消防安全知识，增强全民消防安全意识，提高应急自救能力，保护人身财产安全，1992年，公安部发出通知，将每年的11月9日定为全国消防日。

教育构思

教育背景：

消防安全是学校大事，事关学校平稳有序运行。2010年12月6日，教育部基础教育一司、公安部消防局《关于加强中小学消防安全宣传教育工作的通知》中指出，切实做好中小学校消防安全教育工作，着力提高中小学生火灾疏散逃生意识与技能，初中、高中重点开展消防法律法规、防火灭火基本知识、灭火器材使用、火灾自救互救知识和火灾案例教育。教育部对安全教育一直高度重视，每年都出台指导性文件。2021年1月21日，《教育部办公厅关于做好2021年中小学幼儿园安全管理工作的通知》提出，进一步加强安全教育工作，将安全教育贯穿于学校教育教学各个环节。

班情分析：

授课对象为中职数控技术应用专业一年级学生，班级大部分学生为男生，他们活泼好动，好奇心强，对消防员的认可度较高。经过专业实操课的训练，学生具有一定的用电安全意识，但是日常生活能力弱，缺乏自救自护能力和应急处置能力，需要进行消防相关知识的学习和普及。

教育目标：

认知目标：了解全国消防日的由来，了解消防法律法规，学会防火灭火的基本知识。

情感目标：培养消防安全意识，提高生命安全觉悟，强化自救互救能力，提升消防安全本领。

行为目标：学会使用学校配置的灭火器，提高火灾疏散逃生技能，积极参与火灾疏散逃生演练，养成消防安全习惯，主动普及消防安全知识。

教育方法：

知识讲授法、案例评析法、小组合作法、比拼竞争法、情感体验法。

设计意图：本次班会围绕"11·9"消防日这个重要时间节点，开展消防安全教育。首先通过全国消防日的设立和消防法律法规的制定，提高学生对消防安全的理性重视；然后通过真实火灾事件的呈现，提升学生对消防安全的情感重视；再通过各小组的分享，让学生掌握一些消防安全常识及防火灭火自救的方法；最后通过实操演练、知识竞赛、头脑风暴等方式，强化落实学生的消防安全知识。

活动准备：

1. 教师准备

（1）准备四本《中华人民共和国消防法》，发给四个小组。

（2）下载浙江宁波真实火灾的监控视频《最悲剧的火灾》。

（3）下载电影《烈火英雄》高燃片段。

2. 学生准备

（1）一组学生搜集全国消防日的资料，二组学生整理消防法律法规，三组学生搜集常见火灾的处理方式，四组学生搜集火灾逃生技巧。

（2）班委录制视频，演示学校配备的灭火器的使用方法。

教育过程

暖场活动：标识接龙

活动规则：每个小组派出两名代表，八名学生按照小组编号站成一排。班主任用PPT逐一展示消防标识，答错的学生被主持人用气球锤敲一下脑袋，然后站到队尾，由下一个学生继续回答，答对的学生给小组加一分，然后站到队尾，直到全部标识被答完。根据作答结果评选"消防安全优秀小组"。

第一环节：关注消防，安全同行

活动1：了解全国消防日的由来。班主任提问：火灾报警电话是多少？学生抢答后，一组学生分享全国消防日的来历与设立意义。

分享内容：

世界各国的火警号码都不一样，但每个国家都选取了让人们最容易记住的数字来组成火警号码。中国选用"119"作为火警号码的原因是，"1"在古时候念作"幺"（yāo），它跟"要"字同音。"119"就是"要要救"。11月9日的月日数恰好与火警电话号码119相同，而且这一天前后，正值风干物燥、火灾多发之际，全国各地都在紧锣密鼓地开展冬季防火工作。为增加全民的消防安全意识，使"119"更加深入人心，公安部于1992年发起，将每年的11月9日定为全国的"消防日"。

活动2：学习消防法律法规。二组学生分享《中华人民共和国消防法》中学生应知必会的相关知识。

关注消防，安全同行

中华人民共和国消防法（节选）

第二条：安全消防贯彻预防为主、防消结合的方针。

第五条：任何单位和个人都有维护消防安全、保护消防设施、预防火灾、报告火警的义务。

第二十三条：禁止非法携带易燃易爆危险品进入公共场所或者乘坐公共交通工具。

第二十八条：任何单位、个人不得损坏、挪用或者擅自拆除、停用消防设施、器材，不得埋压、圈占、遮挡消火栓或者占用防火间距，不得占用、堵塞、封闭疏散通道、安全出口、消防车通道。

第四十四条：任何人发现火灾都应当立即报警。任何单位、个人都应当无偿为报警提供便利，不得阻拦报警。严禁谎报火警。

图7-2

设计意图：通过分享全国消防日的由来，让学生了解选择11月9日作为消防日具有中国文化特色，既便于记忆，易为人们接受，又能增强全民安全意识。通过课前学习消防法律法规，让学生意识到协助消防工作是每一个公民应尽的义务，提高自身的责任感。

第二环节：烈火无情，消防有心

活动1：观看火灾的危害。班主任播放视频《最悲剧的火灾》，这是2019年浙江宁波真实发生的一起重大火灾事故。

视频内容：

2019年9月29日12时48分40秒，宁波一家日用品加工企业的一名男员工将加热后的香水原料倒入塑料桶时，一团火苗突然蹿起来。他首先用嘴去吹，然后又拿盖子去盖，发现桶盖和桶的大小并不吻合。此时，原料金属桶内的残留易燃液体也被引燃，一个火点瞬间变成了两个火点。随后，他又用嘴朝着火苗吹，发现还是不管用，慌乱中找来一块纸板对着火苗扇风。12时50分20秒，另一名男员工和一名女员工相继发现了火情，但他们未采取任何行动。12时52分20秒，塑料桶被大火彻底熔化，香水原料全部流出，形成流淌火。

男员工接下来将水直接泼向着火点，火势瞬间迅速向四周蔓延扩散，并引燃周边可燃物，形成猛烈燃烧之势。12时53分20秒，其他员工匆匆跑到起火车间，他们既没采取有效灭火措施，也未第一时间报警，更没及时通知楼上人员疏散逃生，而是手忙脚乱地对着起火点一番指点后迅速逃离火场。大火迅速将整个香水灌装车间吞噬，随即向二楼、三楼蔓延。最终，大火造成19人死亡3人受伤。

活动2：讨论火灾的危害。班主任提出问题：上述案例中，第一名发现起火点的男员工的救火方式存在什么问题？给我们什么启示？学生进行小组讨论，并分享讨论结果。

学生分享：

1. 错误行为

（1）用嘴吹火只会让火势越来越大。

（2）用盖子灭火必须大小吻合才能阻断空气。

（3）用纸板对着火苗扇风只会让火烧得更旺。

（4）没有寻找附近的灭火器，贻误灭火最佳时机。

（5）由香水、乙醇、汽油等轻于水的物质引起的火灾，用水去扑救犹如火上浇油。

2. 启示

（1）发现火灾时应立即采取有效的灭火措施。

（2）选择在第一时间报警。

（3）当火势变大时及时通知人员疏散。

（4）在火灾面前不能做旁观者。

（5）不要低估火灾的危害。

活动3：学习正确的灭火方式。三组学生分享面对常见火灾时的正确处理方法，提高学生的应急处理能力。

分享内容：

1. 电器着火

（1）切断电源。

（2）用二氧化碳、1211、干粉灭火器或干沙土扑救。

（3）与电气设备和电线保持2米以上距离。

2. 油锅起火

（1）将冷菜沿边倒入锅内，火可自动熄灭。

（2）用锅盖或大块湿布遮盖到起火的油锅上。

3. 煤气泄漏

（1）不要触动任何电器开关。

（2）不要用打火机、手电筒等工具照明。

（3）迅速关闭气源，打开门窗。

（4）如需报警，应到远离现场的地方打电话。

4. 电脑着火

（1）拔下电源，用干粉或二氧化碳灭火器扑救。

（2）迅速用湿地毯或棉被等覆盖电脑。

（3）切勿向失火的电脑泼水。

活动4：学习正确的逃生方式。四组学生分享遇到严重火灾时的逃生技巧，提高学生的自救自护技能。

分享内容：

1. 遇火灾立刻拨打电话119

要讲清楚：失火地点，起火物质，火势大小，被困情况。

2. 不要乘坐普通电梯

因为普通电梯极易断电，无防烟功效，火灾发生时被卡在空中的可能性极大。正确疏散通道是消防电梯、室内楼梯、阳台、过道、建筑物外墙水管。

3. 遇浓烟时千万不能一冲而过

由于热空气上升作用，大量浓烟将飘浮在上层，而在火灾中距地面30厘米以下的地方，可能还有空气。正确疏散方式是遇浓烟，马上停，低姿势，爬行走，头部尽量贴地面。

设计意图：通过观看真实案例和讨论分享，让学生认识到火灾会威胁到人的健康、生命，错误的灭火方式不仅不能灭火反而会火上浇油，引起学生对学习灭火方式的重视。通过学习不同火灾的处理方法以及逃生技巧，让学生掌握一定的火灾自救常识以应对紧急情况。

第三环节："火"速行动，防患未"燃"

活动1：模拟使用灭火器。班主任给每个小组发放一个灭火器，然后播放班委录制的灭火器使用视频，学生跟随班委的讲解学习灭火器的使用步骤。

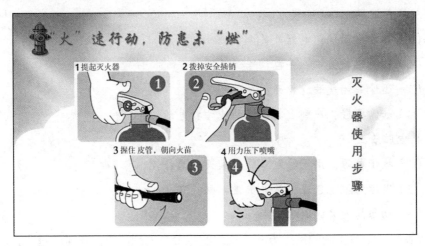

图7-3

演示内容：

灭火三部曲：

1. 晃动灭火器

将灭火器上下颠倒几次，使里面的干粉松动。

2. 拔掉保险销

直接用手拉住拉环，使劲向外拉，就可以将保险销拉掉。

3. 握管压手柄

一只手握住压把，另一只手抓好喷管，将灭火器竖直放置，站在上风向，对准火焰根部，距离3米左右，用力按下压把时，干粉便会从喷管里面喷出。

活动2：开展知识竞赛。每组派出一名代表，代表们面向黑板站成一排。班主任读完题目后，讲台上两个学生举起选择题板，四位代表迅速跑到正确答案的一侧站定。只有一次选择机会，站队正确且最快者获胜，为小组加分。

竞赛试题：

1. 全国消防日是哪天？

左. 11月9日

右. 1月19日

2. 火灾隐患举报电话是多少？

左. 96119

右. 12119

3. 森林火警电话是多少？

左. 96119

右. 12119

4. 进入林区可以携带火种吗？

左. 不可以

右. 可以

5. 油锅起火怎么办？

左. 盖上锅盖，关闭气源

右. 用水灭火

6. 外出游玩时应检查什么？

左. 手机、钱包、证件

右. 关燃气、关电源、关门窗

7. 发生火灾能乘坐电梯吗？

左. 可以

右. 不能

8. 消防救援收费吗？

左. 收费

右. 不收费

活动3：致敬消防英雄。新中国成立以来，截至2021年9月30日，全国消防救援队伍有658名指战员被评为烈士，他们用生命守护人民的平安。班主任播放电影《烈火英雄》的高燃片段，展示消防战士在火灾面前不惧危险、冲锋在前的感人场面。请各小组展开讨论，并分享感悟。

分享内容：

爆炸后的蘑菇云，震碎的居民楼，慌乱的人群，瘫痪的交通，真实的人性，《烈火英雄》展现了火灾的无情，展现了人性的善与恶，展现了消防员面对死亡时的抉择。

这些不顾生死保护人民群众生命财产安全的消防员，他们是父母的孩子、他们是孩子的父亲、他们是妻子的丈夫，他们还是一个家的顶梁柱，然而，面临大家与小家的抉择时，他们义无反顾地选择了大家，放弃了小家。他们把做好新时代应急消防工作作为一种信仰，把救人民于水火，助人民于危难作为天职。每一位消防战士都谱写着坚定不移的誓言，他们以青春和生命的代价塑造了无数个"不凡"与"伟大"。

向"烈火英雄"致敬！同时呼吁社会，注意用电用火，让消防员的本领无用武之地。

活动4：防患于未然。班主任提出问题：我们应该如何预防火灾以减轻消防人员的伤亡？各小组积极讨论、头脑风暴，并各派一名代表分享观点，由四名小组长将观点分类整理，有条理地呈现。

分享内容：

1. 家庭消防要注意哪些细节

（1）电子产品不要彻夜充电。

（2）定期检查家中电线有无老化、破损等情况。

（3）及时清理阳台、走廊、楼梯上的杂物。

（4）定期清理油烟机通风管道。

（5）使用蜡烛、薰香时要有烛台等做支架。

（6）家中不要存放汽油等挥发性强的易燃易爆品。

（7）不要在床上或沙发上吸烟，烟蒂、火柴杆应彻底熄灭再丢弃。

2. 哪些物品易燃易爆

（1）电热毯。不要折叠和长时间使用，离开时注意断电。

（2）暖手宝。使用时避免磕碰，两次充电时间不宜过近，不要用清洁剂清洗。

（3）浴霸。不宜长时间使用或频繁开关，清理时应切断电源，用中性清洁剂和软布擦拭，不可用水洗。

（4）吹风机。使用后应放置片刻，待冷却后再收起来。

（5）空气清新剂、发胶、杀虫剂等瓶、罐装易爆物品，应避免剧烈摇晃，使用时远离电源。

（6）香水、花露水等使用后不要立刻靠近火源。

以上物品应放在阴凉、干燥、隔热处，避免阳光直射。

设计意图：通过使用灭火器的实操演练，让每一个学生都近距离地接触灭火器，熟悉其使用方法。通过消防安全知识快速问答，加深学生对应知必会的消防知识的印象。通过消防英雄的感人片段，让学生意识到关注消防安全、珍爱生命就是对消防英雄们的最好悼念。通过头脑风暴集思广益，调动学生参与消防的主动性，培养消防安全意识。

结束语：

消防隐患无小事，安全警钟需长鸣。每年的秋冬季节都是火灾的高发期，一旦火灾降临，在浓烟毒气的包围下，常常有不少人葬身火海，一幕幕惨剧为防火敲响警钟！消防安全，人人有责。我们都应将消防安全铭记心中，居安思危，防患于未然。同时，学习掌握消防安全知识与逃生技能，掌握自护自救与逃生的具体方法，提高灵活应对突发事故的能力。消防安全重于泰山，让我们齐心协力筑牢防线，共同守护一方平安！

拓展延伸：

学生利用课外时间消化吸收学习内容，并积极参与到普及消防安全知识的行动中去。

学校宣传任务：班委进行合理分工，各小组绘制消防安全标识，张贴在学校宣传栏。

家庭宣传任务：学生和家长共同制订家庭火灾疏散预案，包括制作一张家庭每个房间的逃生路线图，确定疏散程序、方法、要求等，并进行演练。

教育反思

本次班会在课前开展了班级调研，发现大部分学生对消防安全知识的理解呈现碎片化状态，所以本节课的重点是让学生掌握较为系统的消防安全知识。通过"关注消防，安全同行""烈火无情，消防有心""'火'速行动，防患未'燃'"三个环节，让学生在了解全国消防日和消防法律法规的基础上，深刻领悟掌握消防自救知识的重要性，激发学生学习的内驱力，从而积极主动地参与到课堂中，增强消防安全教育的实效性。

第八课　宽以待人，涵养品德

——11月16日国际宽容日

节日简介

国际宽容日

图8-1

　　生活中，我们时常会产生不满、抱怨，甚至怨恨的情绪。如果这些消极的情绪经常充斥在我们的内心，日积月累，可能会造成身心上的疾病。《联合国宪章》序言提道："力行容恕，彼此以善邻之道，和睦相处。"如果我们试着对别人多一些理解、宽恕与包容，内心充盈着温暖与阳光，这世间的美好或许能环环相扣。随着全球化时代的到来，跨国家、跨文化的交流在全球范围内与日俱增，但是由于思维方式、文化氛围不同等因素的影响，人与人的交往往往缺乏宽容与谅解，便产生了不可避免的文化冲突。为了促进各国人民的相互理解与和谐共处，1995年11月，联合国教科文组织第28届大会通过《宽容原则宣言》，宣布每年11月16日为国际宽容日。

教育构思

教育背景：

宽容是中华民族的传统美德，是当代青年必备的道德品质。2014年5月4日，习近平总书记在北京大学师生座谈会上，引用"君子坦荡荡""君子义以为质"等古语，强调要从中华优秀传统文化中汲取丰富营养。儒家文化创始人孔子提出"宽以待人，严以律己"的思想，并要求"躬自厚而薄责于人""己所不欲，勿施于人"，在人际交往中要多审视自己，少责备别人，自己不愿意做的事情，也不要强加给他人。《易传》更概括地说："君子以厚德载物。"也就是要求君子应当有广阔胸襟，以宽厚之德包容万物。宽容是中华传统文化的基本精神，是提升青少年品德修养的重要内容。

班情分析：

授课对象为中职建筑装饰专业一年级学生。他们大多个性张扬，缺乏宽容之心、共情之力，习惯于推卸责任，对事斤斤计较，容易冲动且自律性较差，易引发矛盾冲突。他们对于宽容有一定的认知基础，但缺乏对宽容的深层次理解。教育教学过程中需要用文化的力量唤醒学生，用情感的体验感染学生，引导学生形成友善宽容的健康心理品质。

教育目标：

认知目标：了解国际宽容日的由来及意义，理解宽容是中华传统优秀文化的重要组成部分。

情感目标：感悟宽容在构建和谐人际关系中的重要性，增强共情理解能力，涵养个人品德。

行为目标：学会构建和谐人际关系的方法，学会用实际行动贯彻宽容，培养宽容礼让的健康心理品质。

教育方法：

小组讨论法、榜样熏陶法、情境模拟法、明理思辨法。

设计意图：本次班会以"传承优秀文化，涵养学生品德"为指导思想，设计了"宽容思维，世界认同""宽容精神，中国智慧""宽容品质，自我涵养""换位思考，力行容恕"四个环节，让学生了解宽容的重要性，感受宽容的力量，唤醒宽容的意识，以品德修养筑牢价值基石。

活动准备：

1. 教师准备

（1）将学生分为四组，可将平日有过矛盾的学生分在一组。

（2）准备四组词语写在A4纸上，以备暖场活动使用。

（3）准备在中国传统文化中所体现出的有关宽容的素材。

（4）下载视频《和世界说声"没关系"》。

2. 学生准备

（1）一组学生搜集国际宽容日的设立目的，二组学生整理国际宽容日的设立意义，三组学生搜集关于宽容的国外名言，四组学生搜集有关宽容的中国故事。

（2）排演情景剧《课间风波》《作弊风波》。

教育过程

暖场活动：你演我猜

活动规则：每个小组派出三名代表，两人比划一人猜。相邻两个小组互派裁判和监督员，监督员拿着题板站在猜词学生的后面，两名学生根据题板展示的词语做动作，不能发出声音，猜对后裁判员发出指令翻到下一页，限时4分钟，答对词语最多的小组获胜。请比赛失利的小组的三位学生分享感想，使学生明确换位思考在人际沟通中的重要性。

第一环节：宽容思维，世界认同

活动1：了解国际宽容日的由来。一组学生分享国际宽容日的由来，让学生认识到国际社会对宽容的重视。

分享内容：

11月16日是国际宽容日。由于全球化、大量移民等因素的影响，不同的文化缺乏宽容，不能容纳与自己不同的行为方式、不能与各种文化进行有益的交流，使世界面临诸多的问题。如何制止仇恨、使不同民族、宗教和文化间加强理解并和谐共处，成为全球性的严重挑战。

1995年11月16日，联合国教科文组织第28届大会通过《宽容原则宣言》，宣布每年11月16日为国际宽容日。在这一天各国政府会举办一系列的活动，通过宣传教育等途径来倡导宽容的理念。国际宽容日使人们认识到宽容是和平、民主和可持续发展的一项基本条件，旨在强调在多元化社会里，应通过普及宽容方面的教育，使人们平等、和谐、和平地生活在一起。

活动2：理解国际宽容日的意义。二组学生分享时任联合国秘书长潘基文在国际宽容日的致辞内容，并表达小组观点。

分享内容：

宽容是人与人之间、社区与社区之间相互尊重的基础，对围绕共同的价值观建立一个浑然一体的全球社会至关重要。宽容是一种美德和品质，但最重要的是：宽容是一种行动——向他人伸出联络之手的行动，不将差异视作障碍，而作为一种邀请，借以实现对话和了解。宽容会建立人与人之间的桥梁，打开沟通的渠道。宽容并不意味着接受所有做法，并视其为平等。相反，宽容的价值在于灌输对普遍人权和基本自由更多的认识和尊重。

活动3：分享宽容的国外视角。三组学生分享关于宽容的国外名言，分别让组员谈谈对名言的理解。

佳句分享：

宽容精神是一切事物中最伟大的。

——［英］罗伯特·欧文

宽容意味着尊重别人的任何信念。

——［美］阿尔伯特·爱因斯坦

紫罗兰把它的香气留在那踩扁了它的脚踝上，这就是宽恕。

——［美］马克·吐温

宽容就像天上的细雨滋润着大地。它赐福于宽容的人，也赐福于被宽容的人。

——［英］威廉·莎士比亚

设计意图：通过国际宽容日的由来、意义及宽容名言的分享，让学生理解宽容的外延与内涵，初步树立"心怀宽容、天下大同"的意识。

第二环节：宽容精神，中国智慧

活动1：感悟宽容的民族特质。班主任分享宽容精神在中国传统文化中的体现，学生思考、讨论、分享，感悟宽容是中华优秀传统文化的基本精神。

分享内容：

中华民族思想文化体系的灵魂和主旋律就是宽容和谐，是这个以中土文化为骨架、包容多民族性格共性的国家性格本质。

"礼之用，和为贵。"在处理人与自然、人与社会、人与人之间的关系时，传统文化总的指导思想是"和"，强调以一种和谐友善的态度来对待自然、社会和他人，以一种宽广的胸怀处理各种关系，所以主张"天人合一"。

"古之君子，其责己也重以周，其待人也轻以约。"意思是说古代的君子对自己要求严格而全面，对别人则宽容而平易。宽容是一种智慧，是坚守道义中的包容，它需要宽广的胸襟和与人为善的心态。

"厚德载物，上善若水。"这句话体现了平和宽容的处世态度。在现实社会生活中，如果一个人能够顾全大局，对自己的损失不计较或不追究，说明这个人便具有了宽容的人格和品德，宽容精神在传统文化中有利于修身养性。

活动2：感悟宽容的名家故事。四组学生分享两个关于宽容的故事，分享完后，教师组织交流：故事里的人物是怎样做到宽容的？宽容带给他们什么好处？请其他学生分享听后感。

♥ 宽容精神，中国智慧

《六尺巷的故事》——宽容能化解矛盾

故事一：清朝康熙年间，文华殿大学士兼礼部尚书张英的老家在安徽桐城，与吴姓一家的府第为邻。两家在宅基的问题上发生了争执，家人飞书京城，让张英打招呼"摆平"吴家。张英接到信后，对家人倚仗他的权势欺压乡里很是不满，于是作诗一首："千里修书只为墙，让他三尺又何妨。长城万里今犹在，不见当年秦始皇。"于是家人主动后退三尺筑墙。吴家得知后，被张英宽厚礼让的行为感动，也将自己宅院主动后退了三尺。这样张、吴两家之间就形成一条六尺宽的巷子。后来这件事被广为传颂：争一争，行不通；让一让，六尺巷。

图8-2

活动3：感悟宽容的时代内涵。班主任分享习近平总书记对宽容精神的解读，让学生感悟中华优秀传统文化对社会发展的推动作用。

分享内容：

习近平总书记对中华"和合"文明有精深独到的见解，他说："这种'贵和尚中、善解能容、厚德载物、和而不同'的宽容品格，是我们民族所追求的一种文化理念。自然与社会的和谐，个体与群体的和谐，我们民族的理想正在于此，我们民族的凝聚力、创造力也正基于此，甚至还可以毫不夸张地说，我们中华民族传统文化的精神也正是在于这种伟大的和谐思想。"

设计意图：通过解析中国传统文化中的宽容精神，让学生体会中国人民的理想追求和精神力量。通过名人良言善行的榜样力量，让学生感悟宽容是构建和谐人际关系、展示个人品德修养的恰当方式。通过习近平总书记对宽容品格的时代解读，让学生体悟宽容和谐理念是中华文化特质的重要基因。

第三环节：宽容品质，自我涵养

活动1：分析宽容的好处。学生表演情景剧《课间风波》，班主任提出问题：你认为矛盾产生的原因是什么？如何才能避免矛盾激化？各小组展开讨论，由小组代表分享观点。

剧情概要：

课间，甲同学正趴在桌上休息，这时旁边的乙同学正和同学玩耍，他兴致勃勃地跑来跑去，撞击到甲同学的桌子，惊醒了甲同学。甲同学大声指责乙同学影响他休息，玩得正高兴的乙同学也没放在心上，指责甲同学斤斤计较。两个人住同一个宿舍，争吵时将在宿舍里的矛盾也一并牵扯出来，因内容涉及个人隐私，导致两人翻脸，在教室里大打出手。

活动2：思辨宽容与纵容。学生表演情景剧《作弊风波》，班主任提出问题：你认为班长的做法是宽容的表现吗？宽容和纵容的区别是什么？学生小组讨论，并派代表分享观点。

故事概要：

课上，同学们在进行古诗默写，小张同学没背熟，就偷偷地翻开藏在课桌里的课本，这一切被她的舍友——班长小李看在眼里。下课后小李准备将此事告诉老师，被小张拦住。小张苦苦哀求并保证下次不再犯了，小李犹豫了一下，最终没有告诉老师。小张这次默写全对，得到了老师的表扬。从此小张到处说小李是一个认真负责、大度宽容的好班长。

设计意图：本着"问题从学生中来，再回到学生中去解决"的原则，让学生排演日常情景剧，让学生站在旁观者的角度去分析问题，有利于他们进行理性分析并提出明智的解决方案，并且明白宽容并不是一味地让步，仍要敬畏规则，引导学生用辩证的眼光去理解宽容，明确宽容是建立和谐人际关系的有效途径。

第四环节：换位思考，力行容恕

活动1：讨论宽容的方法。班主任提出问题：我们该如何传承和弘扬宽容精神呢？小组讨论，由小组代表分享观点。

分享内容：

宽容就是放开你的心去理解别人，当别人冒犯到你，但向你道了歉，你的宽容就是毫不吝啬地微笑对待。对别人宽容也是对自己宽容，要想学会宽容，最佳的方法就是"换位思考"。当遇到矛盾或问题时，设身处地为他人着想，注重多方面、多角度思考问题，注重心理换位，以此做到感同身受、心灵沟通，达到相互理解、解疑释惑、消除隔阂，增进团结和友谊的目的。

活动2：践行宽容的建议。班主任播放视频《和世界说声"没关系"》，让学生感悟生活中的爱与美好都需要宽容去构建，要学会宽容待人，宽容待己。

展示内容：

1. 换位思考

人际交往发生摩擦时，多站在别人的角度设身处地地去思考，将心比心，这是一种理解，更是一种关爱。

2. 尊重差异

"己所不欲，勿施于人"，尊重差异就是尊重每个个体的存在与选择，不强求他人，不强加观点，世界将会变得更加和谐美好。

3. 接受挫折

"往者不可谏，来者犹可追"，接受挫折，放下过去，人才能够越走越稳，越走越远。

4. 认识世界

宽容不仅仅是一种美德，更是深刻地认识事物后对人与世界的复杂性有所了解与体谅，从而不轻易责难别人的一种思维方式。

5. 保持底线

宽容不等于纵容，正确区分宽容与纵容的界限，不过分迁就，不一味退让，保持对事物的认知与底线，保持对自我的热爱与尊重。

6. 谦虚为人，谦逊待人

这是一种处世哲学，也是每一个智慧之人应当具备的优秀品格。

设计意图：通过分享讨论，让学生从对宽容的感性认知过渡到理性认知，完成从知到行的转变，引导学生形成和睦相处、友善宽容的健康心理品质，以积极良好的心态处理同学之间出现的矛盾和摩擦。

结束语：

宽容是"相视一笑泯恩仇"的大度，宽容是"得饶人处且饶人"的美德。宽容是一种美好的道德品质，更是一种豁达的人生态度。《尚书》有言："有容，德乃大。"我们每个人都应该常怀宽容之心，锤炼道德修为，打牢道德根基；不与别人锱铢必较，不对小事耿耿于怀；换位思考、宽容待人，和和气气地做一个大方的人！让我们用宽容的心感受温暖，用宽广的胸怀拥抱世界。你若宽容，世界必将更加广阔！

拓展延伸：

评选班级榜样。每个宿舍提报一名候选人，由宿舍集体撰写演讲词，在班级内进行投票，得票最高的三个学生被评为班级内的"宽容之星"，借此提高宿舍凝聚力，在班级内弘扬正能量。

教育反思

本次班会从班级实际情况出发，紧紧围绕"宽容"主题，理性分组，科学分配小组任务，通过分享展示、交流讨论、榜样熏陶、模拟表演、理性辩证等方式，充分发挥学生参与的主动性，让学生在充分理解宽容含义的基础上，深入理解宽容的意义和方法，有利于构建班级和谐人际关系，增强班级凝聚力，提升学生品德修养。

第九课　知恩于心，感恩于行

——11月第四个星期四感恩节

节日简介

感恩节

图9-1

感恩节（Thanksgiving Day）是美国人民独创的一个古老节日，也是美国人团圆欢聚的节日。在感恩节这一天，家庭团聚、友情重叙、分享感恩的欢乐，感谢上帝的恩惠。美国独立后，1863年，林肯总统宣布感恩节为全国性节日。1941年，罗斯福总统签署国会决议，宣布11月的第四个星期四为感恩节。

教育构思

教育背景：

教育部一直高度重视对中小学生开展包括感恩教育在内的社会主义核心价

值观教育和中华优秀传统文化教育。2014年，教育部印发《关于培育和践行社会主义核心价值观进一步加强中小学德育工作的意见》，强调要结合学生年龄特点和教育教学规律，对感恩教育内容进行设计，将感恩教育融入中小学德育课程中。2019年5月5日，中共教育部党组《关于教育系统认真学习贯彻习近平总书记在纪念五四运动100周年大会上重要讲话精神的通知》提出，教育引导青年师生锤炼品德修为，要加强感恩教育，深化资助育人工作，在重要仪式、重要节点上培养青年师生饮水思源、懂得回报的感恩之心，教育引导青年师生感恩党和国家，感恩社会和人民。

班情分析：

授课对象为中职物流服务与管理专业一年级学生，大多数学生家庭条件优越，且为独生子女。经调查发现，许多家长只注重孩子的学习成绩以及才艺的培养，而忽略了品性的教育，造成学生缺乏感恩意识，习惯以自我为中心。借感恩节之际召开主题班会，开展感恩教育，培养学生的爱心和孝心，让学生能够和睦相处，互帮互助，关爱家庭，奉献社会，积极弘扬优秀传统文化。

教育目标：

认知目标：了解感恩节的由来，理解感恩的内涵，懂得感恩是中华民族的优秀传统美德。

情感目标：体会寸草春晖的父母之爱，感悟无私奉献的师者之情，体会志同道合的同窗之谊，感悟人民至上的祖国之感。

行为目标：树立孝敬父母、尊敬师长、关爱他人、奉献社会的感恩意识，主动传承中华传统美德，树立良好的道德价值观。

教育方法：

知识讲授法、小组讨论法、情感熏陶法、比拼竞争法、榜样示范法。

设计意图：本次班会以"加强感恩教育，传承中华美德"为宗旨，设计了"知恩于心""化恩于德""施恩于行"三个环节，通过观视频、讲故事、学榜样、谈感悟、表决心等丰富多彩的教育形式，将感恩节的精髓进行中国化，帮助学生形成感恩意识，强化感恩情感，学会用实际行动表达感恩，做一个有温度的新时代青年。

活动准备：

1.教师准备

（1）准备写有情绪词语的纸条，放入抽签箱中。

（2）下载短视频《感恩节的由来》。

2.学生准备

（1）各小组搜集感恩主题的成语故事。

（2）一组学生搜集感恩父母的故事，二组学生搜集感恩师长的故事，三组学生搜集感恩祖国的故事。

（3）排演手语操《感恩的心》。

教育过程

暖场活动：情绪传递

活动规则：班主任课前准备一组纸条，每张纸条上都写着一种情绪。各小组依次抽签，只有第一个学生可以看纸条上的内容，其他学生背向站成一排，第一个学生用表情将情绪演绎出来，传递给第二个学生，其间不允许说话，最后一个学生猜中所演绎的情绪则小组获胜，猜错则全组学生要接受扮鬼脸惩罚。

第一环节：知恩于心

活动1：了解感恩节的由来。班主任播放短视频《感恩节的由来》，让学生了解感恩节的起源与发展，各小组讨论设立感恩节的意义。

活动2：分享中国古代的感恩故事。感恩节虽然源于西方，但感恩文化在我国源远流长。中国自古就格外看重"恩"，不仅要感恩，还要施恩、报恩。请每个小组分享一个感恩主题的成语故事。

分享内容：

1.知恩图报

出自《说苑·复恩》，意思是得到别人的恩德要懂得回报他人。秦穆公丢失了骏马，出宫寻找，发现马已经被杀了，一群人正围在一起吃马肉。秦穆公不但没有怪罪，反而还给大家酒喝，杀马的人都惭愧地离开了。三年后，晋国来攻打秦国，把秦穆公困住了。以前那些杀马吃肉的人纷纷说，是时候报当年的恩情了。他们奋勇作战，击溃了包围秦穆公的军队，最终打败了晋国。

2. 一饭之恩

出自《史记·淮阴侯列传》，意思是受人恩惠要厚报。韩信少年时家中贫寒，父母双亡，在未得志时，生活穷苦，常常饿肚子。他常到淮水边垂钓，用钓上来的鱼换饭吃。淮水边上有个洗衣服的妇人，见韩信可怜，就把自己的饭菜分给他吃，天天如此，从未间断。后来韩信被封为齐王，他始终没忘漂母的一饭之恩，派人四处寻找，最后以千金相赠。

3. 结草衔环

出自《左传·宣公十五年》，意思是受人恩惠，定当厚报，生死不渝。"结草"和"衔环"出自两则神话传说，前者讲一个士大夫将其父的爱妾另行嫁人，没让其殉葬，爱妾已死去的父亲将地上的野草缠成乱结，绊倒士大夫的敌人，以替女儿报恩。后者讲有个儿童挽救了一只受困黄雀的性命，黄雀衔来白环四枚，用此环保恩人子孙位列三公，为政清廉。

活动3：学习中国古代的感恩教育。班主任分享中国古代感恩文化的多种形式，让学生体会感恩教育的丰富内涵。

分享内容：

我国传统文化中的"恩"分很多种：

报父母之恩，叫作"孝"。子曰："夫孝，天之经也，地之义也，民之行也。"

报亲人之恩，叫作"仁"。孟子说："仁之实，事亲是也。"

报朋友之恩，叫作"义"。古人说朋友之义是"始终相与，不因死生贵贱而易其心"。

报夫妻之恩，叫作"情"。俗话说："一日夫妻百日恩。"

报知遇之恩，叫作"忠"。司马光说："尽心于人曰忠。"

报老师之恩，叫作"尊"。俗话说："一日为师，终身为父。"

报国家之恩，叫作"爱"。古语有言："烈士之爱国也如家。"

设计意图：通过分享感恩节的发展历史，让学生体会感恩节承载着家庭团聚、分享快乐、感谢恩惠等意义。通过分享中国古代的感恩故事和感恩文化，让学生熟知感恩教育在我国源远流长，感恩是中华民族的传统美德。

第二环节：化恩于德

活动1：感恩父母。一组学生分享国家领导人感恩父母的感人事迹，让全班学生体会孝道传承的榜样力量。

活动2：感恩师长。二组同学分享国家领导人感恩师长的典型事迹，让学生体会尊师重教的不渝情怀。

分享内容：

尊师重教，是中华民族传统文化中极为重要的价值观念取向。只有尊敬老师，才能尊敬老师所传授之知识、道理等。

周恩来在其老师张伯苓逝世后参加了治丧委员会并赠送花圈。自然灾害时期，他把自己的购物证和钱送给张伯苓夫人，并嘱咐交际处对张夫人及其子女的生活要倍加关照。

朱德在云南政治学校礼堂看戏时，遇到自己早年在云南陆军讲武堂学习时的教官叶成林，急忙起身向前立正敬礼，礼毕又紧紧握住老人的双手，将座位让给老人，待老人坐定后，他自己才坐下。

习近平总书记经常抽出时间，看望曾为他传道授业解惑的老师。他说："教过我的老师很多，至今我都能记得他们的样子，他们教给我知识、教给我做人的道理，让我受益无穷。"感念师恩，是永驻他心中的情结。

活动3：感恩祖国。三组学生分享国家领导人感恩祖国的铮铮誓言，让学生体会报效祖国的赤子之心。

分享内容：

感恩祖国，是一种热爱祖国、报效祖国的伟大情感。自古以来，中华儿女就有一颗热爱祖国的诚挚之心。

纵观毛泽东的一生，他所做的一切，都是为了他深深热爱的祖国和人民。"江山如此多娇，引无数英雄竞折腰"，气壮山河的诗句，使人对伟大祖国的敬意油然而生，为自己是中国人而深感自豪。

邓小平同志曾经写道："我是中国人民的儿子，我深情地爱着我的祖国和人民。"邓小平同志从对人民的挚爱，延伸到对党、对祖国的挚爱。他说过："我的生命是属于党、属于国家的。"

习近平总书记会见意大利众议长菲科时，曾沉静而充满力量地说："这么大一个国家，责任非常重、工作非常艰巨。我将无我，不负人民。我愿意做到一个'无我'的状态，为中国的发展奉献自己。"

设计意图：通过分享感恩父母、师长、祖国的感人事例，让学生体会国家领导人在感恩传承上的身体力行和率先垂范，激励学生传承感恩教育，锤炼美好品格。

第三环节：施恩于行

活动1：分享感恩之情。感恩是亘古不变的传统美德，不要让感恩仅仅流于形式，要在实际行动中体现出来，怀揣着感恩的心，践行感恩。请各小组展开讨论，分享自己最想感谢的人和事，在班级内营造温馨动人的感恩氛围。

活动2：表达感恩之志。只有将感恩的意识、内化的道德，转化为报恩乃至施恩的行为，并形成习惯，才是完成了完整的感恩过程。班主任提出问题：如何在日常的生活和学习中，做到感恩父母、感恩师长、感恩他人、感恩祖国？请各小组展开讨论，并派小组代表发表观点。

活动3：齐唱感恩之歌。班主任播放《感恩的心》手语操视频，全班学生起立，齐唱歌曲，做手语操，在优美的歌声中领悟感恩的动人力量。

设计意图：通过分享讨论和合唱歌曲，激发学生的感恩情怀，并主动继承和发扬中国传统文化中的感恩精神。

结束语：

羔羊尚知跪乳，乌鸦且知反哺。动物尚且懂得知恩图报，我们人类更要心怀感恩。感恩是人类最朴素的情感，是高尚精神境界的折射。常怀感恩之心，常行感恩之举，是我们应该遵循的人生信条。感恩父母给予生命，感恩师长谆谆教导，感恩朋友无私帮助，感恩社会和谐安定。知恩，感恩，更要报恩，让我们把感激之情化作学习的热情，刻苦学习，奋发图强，以优异的成绩回报社会，报效祖国！

拓展延伸：

班主任利用晚自习时间播放邹越老师《让生命充满爱》的感恩教育演讲视频，请学生每人写一篇观后感，班长收齐后交给语文老师评阅，选出优秀作品在班级内诵读，并推送到校刊发表。

教育反思

本次班会在班主任的指导下，由学生完成班会设计方案的主要环节，通过课前收集资料、排练手语操，课中分享故事、交流心得，课后观看励志演讲、撰写心得等形式，充分调动学生参与班会的积极性，引导学生体会感恩是中华民族的传统美德，深入理解感恩精神的内涵和真谛，让学生懂得感恩，学会感恩，常怀感恩之心，常为感恩之行。

第十课　知法懂法，与法同行

——12月4日全国法制宣传日

节日简介

全国法制宣传日

图10-1

　　"国无法而不治，民无法而不立"，我们生活中的方方面面因为有法律的保护而井然有序。在我国法律体系中，宪法是根本大法，规定了国家的根本任务和根本制度，是公民权利的根本法律保障。据一项社会调查显示，在1197名受访者中，完整读过宪法的只有15.7%，没有读过宪法的有33.2%。这说明普通民众对宪法的重视还远远不够，宪法普及率有待提高。为引导民众树立宪法意识，增强宪法观念，使人民群众更好地融入法治社会，2001年4月26日，中共中央、国务院转发的《中央宣传部、司法部关于在公民中开展法制宣传教育的第四个五年规划》确定："将我国现行宪法实施日，即12月4日，作为每年一次的全国法制宣传日。"同时该日已是国家宪法日，2014年11月1日，第十二届全国人民代表大会常务委员会第十一次会议决定：将现行宪法通过、公布、施行日期12月4日设立为国家宪法日。

教育构思

教育背景：

2016年6月28日，在教育部、司法部、全国普法办印发的《青少年法治教育大纲》提及，加强青少年法治教育，使广大青少年学生从小树立法治观念，养成自觉守法、遇事找法、解决问题靠法的思维习惯和行为方式。

利用全国法制宣传日开展主题教育，能够引导学生感受法制力量，培育法治观念，强化守法意识，促进中职生健康成长、全面发展。

班情分析：

授课对象为中职会计事务专业一年级学生，该专业要求学生富有社会责任感和法制意识，对学生的职业道德要求很高。班级内大部分学生思想上处于懵懂状态，对自己的人生没有清晰的定位，看待问题不够全面，自我约束力较弱，法律意识淡薄，但接受新生事物的能力较强，进行法制道德教育成效会比较明显。

教育目标：

认知目标：了解法制宣传日的由来，了解与未成年关键字相关的法律知识，正确看待法规校纪的约束作用。

情感目标：积极参与体验感悟，增强遵纪守法和自我保护意识，树立正确的法制道德观念。

行为目标：自觉抵制不良风气的影响，身体力行践约守法，立志养成自觉遵纪守法的好习惯，做维护法治的青少年。

教育方法：

案例研究法、小组讨论法、自我教育法、情感陶冶法。

设计意图：本次班会以《青少年法治教育大纲》为指导，从中职学生的年龄和心理特征、学习生活环境出发，设计了"学法制知法""析案例懂法""看典范守法""遵法纪用法"四个环节，通过知、情、意、行的相互结合与渗透，让学生成为具有法治观念、崇尚和敬畏法律、遵守法律的青少年，为将来走出校门成为一名积极守法的社会人打下基础，促使学生不断升华为国家法治建设的维护者和促进者。

活动准备：

1. 教师准备

（1）下载《全国法制宣传日普法知识竞赛题库》。

（2）准备四台畅言智慧课堂平板，下载游戏《法外无狂徒》至桌面。

（3）下载视频《痴迷游戏踏歧途》。

（4）邀请校外法律辅导员连线普法。

2. 学生准备

（1）一组学生搜集全国法制宣传日的由来，二组学生搜集与中职生有关的法律，三组学生搜集遵法守纪的榜样案例，四组学生制作法制宣传口号。

（2）查阅宪法及未成年人的相关法律法规。

教育过程

暖场活动：法外无狂徒

活动规则：每个小组发放一台平板，学生打开益智游戏《法外无狂徒》，班主任发出"比赛开始"指令后，各小组根据屏幕上展示的生活案例进行分析作答，以此来了解法律知识，并知道触犯法律的后果。限时4分钟，答对题量最多的小组获胜。在轻松的游戏中进行普法教育。

第一环节：学法制知法

活动1：了解法制宣传日的由来。一组学生分享全国法制宣传日的相关知识，让学生了解法制宣传日设立的目的，认识普法方式的多样性，以及全国各地对法制宣传日的重视。

分享内容：

2001年，中共中央、国务院决定将我国现行宪法实施日12月4日作为每年的全国法制宣传日。宪法是国家的根本大法。在全体公民中开展法制宣传教育，首要的任务就是要进行宪法知识的宣传教育，使广大公民了解宪法，掌握宪法，增强宪法观念，树立宪法权威，因此将现行宪法的实施日作为全国法制宣传日，充分体现了宪法在我国政治、经济、社会生活中的重要地位，体现了法治宣传教育工作的基本任务。

2001年以来，全国各地各部门以"12·4"全国法制宣传日为契机，在每年11月中旬至12月中旬，通过举办座谈会、书法展、网上论坛，印发宣传资料，在报刊、广播、电视、网络的媒体制作播出专栏、专版、专题节目等多种形式，开展了丰富多彩的法制宣传教育活动，传播法律知识，弘扬法治精神，促进社会和谐。

活动2：了解与中学生相关的法律。二组学生分享中学生应知必会的相关法律知识，倡导全班学生利用课余时间学习法律，让学生熟知自己依法享有的权利和应该履行的义务。

分享内容：

《中华人民共和国教育法》：为了发展教育事业，提高全民族的素质，促进社会主义物质文明和精神文明建设，根据宪法制定。2021年4月29日第三次修正，全文包括总则、教育基本制度、学校及其他教育机构、教师和其他教育工作者、受教育者、教育与社会、教育投入与条件保障等内容，共十章八十六条。

《中华人民共和国未成年人保护法》：为了保护未成年人身心健康，保障未成年人合法权益，促进未成年人德智体美劳全面发展，培养有理想、有道德、有文化、有纪律的社会主义建设者和接班人，培养担当民族复兴大任的时代新人，根据宪法制定。2020年10月17日第二次修订，全文包括家庭保护、学校保护、社会保护、网络保护、政府保护、司法保护、法律责任等内容，共九章一百三十二条。

《中华人民共和国预防未成年人犯罪法》：为了保障未成年人身心健康，培养未成年人良好品行，有效预防未成年人违法犯罪，制定本法。2020年12月26日第二次修订，全文包括预防未成年人犯罪的教育、对未成年人不良行为的干预、对未成年人严重不良行为的矫治、对未成年人重新犯罪的预防、法律责任等内容，共七章六十八条。

设计意图：通过全国法制宣传日和相关法律知识的科普，让学生了解自己的行为既受到法律的约束，也受到法律的保护，懂得和善于履行社会主义公民的权利和义务。

第二环节：析案例懂法

活动1：触目惊心看案例。班主任播放《痴迷游戏踏歧途》片段，学生观看案例，看当事人是如何从一个游戏爱好者变成一个高墙内的劳动改造者，站在旁观者的角度，分析当事人的心理状态以及造成恶果的原因。

活动2：寻踪觅源析案例。班主任接着播放《痴迷游戏踏歧途》片段，学生跟随记者的采访了解小文、小宫盗窃的缘由。班主任提出问题：为什么这两个少年会做出盗窃之事？是什么导致了这场悲剧？学生发表观点。

内容剖析：

兴趣爱好可以推动青少年主动学习知识、探索世界，但绝不能为了自己的兴趣爱好而走上违法犯罪的道路。家长和老师一方面应当帮助青少年培养良好的兴趣爱好，培养他们的爱心，增长他们的见识、提高他们学习知识的主动性；另一方面，更应当教育青少年通过正当途径达到自己的目的，不能为达到目的不择手段，从而走上犯罪的道路。

活动3：抽丝剥茧剖案例。班主任提出问题：这些青少年身上存在哪些不良行为？参与者都付出了哪些代价？这个案例给了我们什么启示？如果你遇到这样的问题，应该如何做才能避免惨剧的发生？小组讨论并发表观点。

设计意图：通过青少年因痴迷游戏而误入歧途的事例，让学生认识到过分痴迷游戏、追求虚拟世界的荣誉是酿成这场悲剧的起因，冲动、不计后果的鲁莽行为是案件发生的催化剂。让学生意识到学校的规章制度、纪律约束是学生安全的有力保障；触犯法律的人最终将受到制裁，不遵守规章制度的人要付出惨痛的代价。培养学生对法律的敬畏意识。

第三环节：看典范守法

活动1：遵法守纪学典范。三组学生分享遵纪守法的榜样案例，让学生认识到法律面前人人平等，遵守法纪人人有责。

分享内容：

包拯斩杀亲侄：包拯是北宋名臣，他自幼父母双亡，全靠兄嫂供养他才能读书，长大成人。兄嫂的独子包冕因贪污受贿被包拯按律下令斩杀。临行刑时，面对嫂子的责骂，包拯表明职责所在，必须严格执法，并跪地直呼"嫂娘"，愿代替侄子为兄嫂养老送终。

活动2：法制竞赛评典范。班主任提前一周发放《全国法制宣传日普法知识竞赛题库》，让学生利用课余时间熟悉背诵，课堂上下发竞赛试卷。学生限时作答，小组交换批阅，得分最高的两位学生被评为班级的"法制宣讲员"，负责辅助设计后续的法制推广教育活动。

设计意图：通过学典范和评典范两个环节，增强学生的守法意识，引导学生自觉成为社会主义法制的忠实崇尚者、自觉遵守者和坚定捍卫者。

第四环节：遵法纪用法

活动1：专家支招儿巧预防。班主任连线校外法律辅导员，分享中学生经常会遇到的法制困境以及对应的解决策略，让学生学会运用法律武器保护自己的合法权益。

活动2：集思广益宣法制。各小组头脑风暴，积极讨论：如何拓展自己的法律知识，提升自己的法制意识？采用什么样的方式进行法制宣传，建设文明法制校园？小组代表发表观点。

活动3：一诺千金宣誓言。四组学生分享法制宣传口号，并带领全班学生起立宣誓：学法以正，普法以诚，明法以精，尚法以恒。从现在起，告别恶劣习惯，抵制不良风气，远离犯罪行为，做文明中职生，做守法好公民！

设计意图：通过专家指导、小组讨论和集体宣誓，坚定学生遵纪守法的信念，养成自觉遵守法律的行为习惯，树立正确的法制观和价值观，争做国家法治建设的拥护者和积极参与者。

结束语：

智者以法护身，愚人以身试法。法律约束人的行为，但同时也是我们每个公民维护自身合法权益的坚实武器。处在依法治国的时代，作为公民，不仅要懂法知法，还要守法用法。青少年是祖国的未来和希望，但由于年幼，能力欠缺、经验不足，更应该牢固树立崇尚法律、遵守法律的意识，增强法制观念，养成守法习惯，学会运用法律武器保护自己。学法懂法，遇事才能有理有据；知法用法，处事才能妥帖。让我们自觉学法、守法、用法，争做社会主义法治建设的维护者和践行者。

拓展延伸：

班主任、班委协同法制宣讲员讨论并制作法制宣传方案，分别设计宪法知识、行为规范、校园安全、交通安全、消防安全、食品安全、预防犯罪、禁毒教育等主题任务。将任务分配到各小组，制作法制宣传海报，并张贴到学校宣传栏，为校园的法制宣传贡献力量。

教育反思

本次主题班会结合班级的实际情况，通过展示青少年的真实案例，给学生内心以极大触动；通过案例分析，让学生产生是非判断，进行自我比对、自我教育；通过小组讨论、发言，让学生得出正确的认识和结论；通过专家评析普法，让学生正视并重视法律法规；通过知识竞赛，让学生内化知识；通过集体宣誓，强化学生的守法意识。其间穿插学生的思考讨论、感悟分享，充分调动全班学生参与的积极性，对学生有较强的启迪作用。

附：全国法制宣传日普法知识竞赛题选

1. 我国将每年的（ D ）定为"全国法制宣传日"。

A. 6月10日　　　　　　　　B. 9月18日

C. 9月8日　　　　　　　　D. 12月4日

2. 我国第一部宪法是（ B ）通过的？

A. 1949年10月　　　　　　B. 1954年9月

C. 9月8日　　　　　　　　D. 12月4日

3. 《宪法》在对宪法地位和作用的规定中提到，宪法是国家的（ C ）。

A. 基本法　　　　　　　　B. 普通法

C. 根本法　　　　　　　　D. 一般法

4. 社会主义法制包括立法、执法、守法和（ C ）四个环节。

A. 护法　　　　　　　　　B. 追究违法

C. 依法办事　　　　　　　D. 法律监督

5. 公民最基本的人身权是（ A ）。

A. 生命健康权　　　　　　B. 劳动权

C. 休息权　　　　　　　　D. 通信自由权

6. 根据预防未成年人犯罪法，预防未成年人犯罪的教育的目的是增强未成年人的（ C ），使未成年人树立遵纪守法和防范违法犯罪的意识，提高自我管控能力。

A. 防范意识　　　　　　　B. 道德素质

C. 法治观念　　　　　　　D. 基本素质

7. 下列哪个行为不属于《预防未成年人犯罪法》规定的不良行为。（ D ）

A. 多次旷课 　　　　　　　　B. 沉迷网络

C. 参与赌博或者变相赌博 　　D. 上课迟到

8. 在校学生违反治安管理处罚法造成的损失或者伤害，本人无力赔偿或者无力负担医疗费用的，应由谁负责？（ C ）

A. 学校 　　　　　　　　　　B. 政府部门

C. 学生的监护人 　　　　　　D. 以上都不对

9. 根据我国治安管理处罚法，偷窃、诈骗、抢夺公私财物的，处（ B ）拘留，可以并处五百元以下罚款。

A. 十日以上 　　　　　　　　B. 十五日以上

C. 五日以上十日以下 　　　　D. 七日以下

10. 捡拾到他人遗忘的东西要还给失主，如果不还就是不当得利的行为，失主要求返还而拒不返还的则可能构成（ C ）行为。

A. 不道德 　　　　　　　　　B. 违法

C. 犯罪 　　　　　　　　　　D. 违纪

第十一课　以史为鉴，立志报国

——12月9日"一二·九"运动纪念日

节日简介

"一二·九"运动纪念日

图11-1

　　1935年12月9日，在中国共产党的领导下，爆发了一次大规模的学生爱国运动。北平（北京）数千名学生举行了要求对日作战的示威游行活动，反对华北自治，反抗日本帝国主义，要求保全中国领土的完整，得到了广大民众和各界人士的支持，掀起了全国抗日救国的新高潮。这是一场中国人民为捍卫民族尊严，拯救民族危亡的伟大社会运动，打击了国民党政府的妥协投降政策，大大地促进了中国人民的觉醒。时至今日，"一二·九"精神一直鼓舞着我们前行，激发着新时代广大青年的爱国热情和担当精神，一些学校会在每年的12月9日举行纪念活动，铭记历史，面向未来。

教育构思

教育背景：

2019年11月12日，中共中央、国务院印发《新时代爱国主义教育实施纲要》指出：要继承革命传统，弘扬革命精神，传承红色基因，结合新的时代特点赋予新的内涵，使之转化为激励人民群众进行伟大斗争的强大动力。"一二·九"救亡运动是中国共产党历史上重要的一页，在一定程度上促成了国民党当局联共抗日，结束了中国内战的局面，实现了全民族的团结抗日。重温历史，让学生体会其中蕴含的以爱国主义为核心的伟大民族精神，激励学生继承中华民族优良传统和作风，从而知史爱国、知史立志。

班情分析：

授课对象为中职计算机网络技术专业一年级学生，不少学生对未来感到迷茫，在继续升学和参加工作之间犹豫不决，失去了继续前进的动力，缺乏吃苦耐劳的精神。在12月9日纪念日到来之际召开主题班会，深入学习"一二·九"运动精神，以此为契机激起学生的爱国热情，培养学生吃苦耐劳、艰苦奋斗的精神，激励学生奋发图强，肩负起中华民族复兴和发展的使命，实现人生价值，永葆青春活力。

教育目标：

认知目标：了解"一二·九"运动的源起与意义，理解"一二·九"运动的精神内涵。

情感目标：激发爱国情感和民族自豪感，树立服务人民、奉献祖国的理想信念。

行为目标：弘扬以爱国主义为核心的民族精神，坚定为振兴中华而认真学习、努力奋斗的信念。

教育方法：

情感体验法、小组讨论法、比拼竞争法。

设计意图：通过暖场活动、情景剧表演、知识竞赛、演讲、感悟分享等活动，依次设计了"过去篇——铭记历史，勿忘国耻""现在篇——缅怀先烈，展我风采""未来篇——扬我国威，畅想未来"三个环节，引导学生以史为鉴，知史立志，知史爱国。

活动准备：

1. 教师准备

（1）准备情景剧《永远的"一二·九"》剧本。

（2）剪辑视频《我们的世纪——辉煌中国》。

（3）准备四台畅言智慧课堂学伴机。

2. 学生准备

（1）利用周末搜集"一二·九"爱国运动相关资料，了解运动的经过。

（2）排演情景剧：一组学生负责第一幕，二组学生负责第二幕，三组学生负责第三幕，四组学生负责情景剧道具、服装和背景等场务工作。

（3）由两位演讲能力出色的同学排演《永葆"一二·九"精神》。

（4）全体学生排演诗朗诵《致"一二·九"运动》。

（5）教室书桌排成U形，以便在教室中间表演。

教育过程

暖场活动：移行换位

活动规则：每个小组选派六人排成一竖列，站到教室中间，排在队首的学生拿矿泉水，然后向后抛，后面的人要接住，队首的学生再跑到队尾，循环进行，直至队首的学生回到队伍的最前面。如果接不住瓶子，那么该组员下场成为观众，最后留在场上人数最多的小组获胜。通过此游戏，考验团队的沟通能力和默契程度，增强团队凝聚力。

第一环节：过去篇——铭记历史，勿忘国耻

活动1：表演情景剧《永远的"一二·九"》。在学生主持人的引导下，各小组依次上台表演课前排演的情景剧，将全体学生带回那段激情澎湃的历史。

剧情简介：

第一幕　地点：北大校园

1935年末，在国家危亡之际，北平的爱国学生在党的领导下，举行"一二·九""一二·一六"抗日救亡示威游行，掀起了全国性的抗日救亡运动。为了适应斗争发展的需要，北平的学生开始了新的征程。

第二幕　地点：保定

于望溪老师参加完北平的游行后，带着最新的思想武器、秉承着一颗救亡的心，即刻带着他的学生回到河北保定。保定国中的学生在于老师的领导下，一方面深入工厂进行宣传，一方面到大街小巷发放宣传单。还有一部分同学积极组织到农村、到群众中去宣传抗日思想。经过同学们一段时间卓有成效的宣传，当地民众对当下时局有了初步认识，抗战意识得到了极大提高。面对取得的初步成功，同学们情绪更加高昂，信心更加坚定。

第三幕　地点：孙老伯处

京津南下宣传团在一起激烈地讨论着，所有人都坚信，雄关漫道只要坚定地走下去，一定会赢得最后的胜利。第二天，他们就在赵柯的带领下来到了孙老伯经常说书的地方。一番讨论后，成立了中国民族解放先锋队，进行抗日救亡宣传活动，完成了我国爱国学生运动第一次从城市发展到农村的成功尝试，为平、津、保三角地带播下了抗日火种。

活动2：班主任在学伴机上推送《"一二·九"运动》知识竞赛题，每个小组选出两名学生代表参加比赛，班主任根据作答的正确率和用时给各小组累计加分。

设计意图：通过情景剧表演再现历史，让学生亲身参与、共同演绎，从而产生情感共鸣；通过知识竞赛，让学生全面了解"一二·九"运动的起因、过程、结果和历史意义，深刻领悟"一二·九"运动的内涵。

第二环节：现在篇——缅怀先烈，展我风采

活动1：演讲《永葆"一二·九"精神》。由两位学生在激昂的配乐声中进行主题演讲，通过演讲者的情绪带动，让全体学生的情感升华。

演讲内容：

女生：1935年12月9日，受尽压迫、沉默无声的北平城怒吼了。在中国共产党的组织和领导下，北平市学生联合会率领北平市6000多名学生举行示威游行。爱国学生高举义旗，高呼"打倒日本帝国主义""停止内战，一致对外"等口号。一声声呐喊，喊出了全国爱国青年和人民的心声，唤醒了沉睡着的中国人民。

男生：八十五年前的"一二·九"运动，北平大学生的振臂一呼，掀起了中华民族反抗日本帝国主义侵略的新高潮！他们用自己充满愤怒的赤诚、用鲜血唤醒了广大民众的觉醒；他们用英勇的举动书写了青年学生以天下为己任的光辉篇章！今天，我们纪念它，不仅是缅怀过去，追念先人，更是为了让我们永远牢记国耻，振兴中华。

男女合：一个时代有一个时代的主题，一代人有一代人的使命。我们要学习先辈们关心国家命运、民族前途、忧国忧民的光荣传统，发扬不屈不挠与顽强拼搏的精神，承担起实现中华民族伟大复兴中国梦的历史使命！

活动2：讨论"一二·九"精神的内涵。班主任提问：看了两位同学激情澎湃的演讲，大家一定有所感悟，请小组讨论：我们为什么要纪念"一二·九"运动？

分享内容：

一组代表："一二·九"运动中，青年学生之所以振臂一挥，云集广场，其精神动力就是爱国主义。为此他们不怕寒风凛冽，不怕高压水龙，不怕被捕坐牢，甚至不怕流血牺牲。他们在运动中表现出来的无私、真诚的爱国主义精神，是气壮山河、感人至深的。

二组代表："一二·九"运动公开揭露了日本帝国主义侵略中国、吞并华北的阴谋，促进了中国人民的觉醒。北平学生的爱国行动得到了全国学生的回应和全国人民的支持，形成了全国人民抗日民主运动的新高潮，推动了抗日民族统一战线的建立，它标志着中国人民抗日民主运动新高潮的到来。

三组代表："一二·九"运动是一次以青年学生为先锋的运动，是一次青年学生的爱国运动，体现了中华民族以爱国主义为核心的民族精神。正是这种民族精神构成了中华人民的精神纽带，增强了民族凝聚力，使中华人民度过一次又一次危机，维护和促进了国家的团结统一。

四组代表："一二·九"运动之所以值得我们纪念，既因为它"促进了国内和平和对日抗战，使抗日运动成为全国的运动"，还因为它继承和发扬了五四以来的优良传统，有力地昭示了中国青年运动应当坚持的正确方向。历史照耀现实，"一二·九"运动的历史经验，对于当代中国青年应如何确立理想、选择人生道路，提供了有益的启示。

设计意图：精彩演讲，句句经典，振聋发聩；小组合作，畅所欲言，深刻反思。激发学生的爱国热情，提醒学生铭记历史，时刻警惕，从惨痛的战争中吸取教训和力量，认识自己肩负的历史使命，明确现阶段自己的首要任务。

第三环节：未来篇——扬我国威，畅想未来

活动1：观看纪录片。战火与硝烟已经离我们远去，经过多年的艰苦奋斗，祖国像一颗冉冉升起的太阳，散发出耀眼的光芒。班主任播放《我们的世纪——辉煌中国》片段，让学生了解祖国的百年发展，见证祖国的辉煌成就，激发学生对祖国的热爱与崇敬。

活动2：自由讨论，直抒胸臆。班主任提出问题：在新时代，我们要继承和发扬"一二·九"运动精神，给予它更丰富的时代内涵。因为纪念，所以记得；因为记得，所以珍惜；因为珍惜，所以成长。各位亲爱的同学，你们是新时代中国特色社会主义事业的接班人，肩负着实现中华民族伟大复兴的重任，请大家思考并小组讨论：①处于和平年代的我们，应该如何去展现青春的风采呢？②正值青春年华的我们，该用怎样的行动诠释青年的含义呢？

演示内容：

学生代表：我们要坚定理想信念，在人生道路上把握正确的方向。"一二·九"运动，需要我们去学习和继承前辈们那种热爱祖国、热爱人民的崇高的精神信念，牢固树立正确的世界观、人生观、价值观，弘扬中华民族的优良传统，不断增强民族自尊心、自信心和民族自豪感。

活动3：诗朗诵《致"一二·九"运动》。全体学生起立伴随着配乐进行铿锵有力、激昂澎湃的诗歌朗诵，将爱国情绪推向高潮。

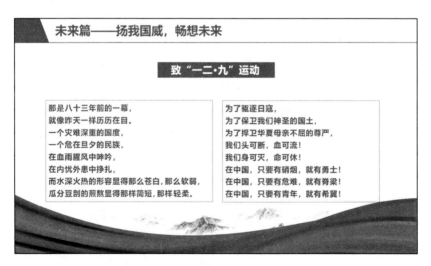

图11-2

设计意图：以祖国的沧桑巨变来增进学生对祖国的了解，在歌颂祖国的氛围中培养学生的爱国情感，帮助学生树立符合时代发展要求的理想，激励学生规划未来的学习生活，将自己的理想同祖国、时代紧密联系，以实际行动去实现理想。

结束语：

"苟利国家生死以，岂因福祸避趋之"，当年"一二·九"运动中的爱国青年高举正义的旗帜，奔走呼号，勇敢地向暴虐的侵略者宣战，唤醒了全民族抗战的斗志和血性。现在，历史硝烟已然退去，但革命先烈留下的"一二·九"精神已深深刻在了中华大地，激励着一代代青年肩负起富国、强国的历史使命。作为新时代的青年，我们回眸沉痛的历史，不忘革命前辈的巨大牺牲；我们展望未来，必坚定信仰、传承精神、敢于担当，昂首阔步推进祖国迈向复兴之路！

拓展延伸：

小组代表以"一二·九"运动为主题开展一分钟演讲活动，投票选出优胜小组，演讲视频发到学校抖音账号上进行宣传，提醒学生铭记历史，不忘英烈先辈的贡献和牺牲，在铭记历史中砥砺民族复兴的坚强信念，认识自己肩负的历史使命，明确现阶段自己的首要任务，保持一颗积极进取的心，努力学习，为实现中华民族伟大复兴的梦想努力奋斗。

教育反思

本节班会课以情景剧演绎再现"一二·九"运动，学生亲身参与，共同经历；以知识竞赛、主题演讲等活动感悟"一二·九"运动精神，学生交流研讨，深刻领悟"一二·九"精神的内涵；最后通过观看祖国发展纪录片、进行诗朗诵等活动升华主题，学生畅所欲言，说理想谈实践。通过此次班会，前辈们勇往直前、甘于奉献、不怕苦不怕累的精神已在学生心中生根发芽，教室里弥漫着炙热的爱国之情，这将激励学生努力学习，不怕困难，奋发向上。

附：《"一二·九"运动》知识竞赛题目

1. "一二·九"运动爆发于（ B ）年。

A. 1934　　　　　B. 1935　　　　　C. 1936

2. "一二·九"运动的性质是（ C ）。

A. 反对资产阶级专政　　B. 反对封建军阀　　C. 抗日救国

3. "一二·九"运动最先在（ A ）发生，然后得到全国各地社会各界的响应和支持。

A. 北京　　　　　　　　B. 河北　　　　　　　C. 天津

4. "华北之大，已经安放不得一张平静的书桌了。"这句名言生动准确地概括了（ B ）爆发前，广大学生当时所面临的严峻国内局势。

A. 五四运动

B. "一二·九"运动

C. "九一八"事变

5. 华北事变后，民族危机空前严重。中国共产党发出了（ C ）的号召，推动了全国抗日救亡运动的高涨。

A. "打倒日本帝国主义"

B. "卖国可耻，抗日光荣"

C. "停止内战，一致抗日"

6. "一二·九"运动是在（ B ）的领导下进行的。

A. 全国学联　　　　　　B. 中国共产党　　　　C. 国民党左派

7. "一二·九"运动中最流行的口号是：（ B ）。

A. "打倒日本帝国主义！""全国武装起来保卫华北！"

B. "华北危急！中华民族危急！"

C. "打倒卖国贼！""立即向日本宣战！"

8. 毛泽东指出，"一二·九"运动是和（ B ）的政治意义同样伟大的。

A. 西安事变　　　　　　B. 五四运动　　　　　C. 南昌起义

9. 以"一二·九"运动为背景的小说是（ A ）。

A.《青春之歌》　　　　B.《战斗的青春》　　　C.《青春万岁》

第十二课 喜迎元旦，畅想未来

——1月1日元旦

元旦

图12-1

　　元旦，即世界上大多数国家通称的"新年"。中国历史上，"元旦"一词最早可追溯到《晋书》。在中国古代人心中，"元旦"的"元"，意思是开始，也是第一的意思；"旦"，是象形字，即太阳从地平线上冉冉升起，象征一日的开始。人们把"元"和"旦"两个字结合起来，意思为新年的第一天。汉武帝时，规定阴历一月为"正月"，把一月的第一天称为元旦，因此最初元旦指正月一日，并一直沿用到清朝末年。辛亥革命后，民国元年决定使用公历，并规定阳历1月1日为新年。由于世界各国的地理环境以及历法的不同，在不同时代，元旦的时间各不相同。现在，世界上大多数国家都采用了国际通行的公历，把每年1月1日作为元旦。1949年，中华人民共和国也以公历1月1日为元旦，元旦在中国也被称为阳历年、新历年或公历年。

教育构思

教育背景：

2018年12月21日，《教育部办公厅关于继续开展<传承的力量>学校体育艺术教育弘扬中华优秀传统文化成果展示活动的通知》提出要求，根植中华优秀传统文化深厚土壤，以元旦、五四青年节、教师节、国庆节等现代节日为契机，加强爱国主义教育，增强民族历史文化传承和国家认同，培育深厚的民族情感。2019年11月12日，中共中央、国务院印发《新时代爱国主义教育实施纲要》，强调要发挥传统和现代节日的涵育功能，结合元旦、"五一"国际劳动节、"五四"青年节等，开展各具特色的庆祝活动，激发人们的爱国主义和集体主义精神。

班情分析：

授课对象为中职建筑装饰专业一年级学生，大部分学生对我国现代节日的历史沿革、特点及社会意义不够了解，缺乏认同感，传承文化意识淡漠。他们好奇心强，赶时髦、爱模仿，盲目追求节日噱头，喜欢过节，但不知道节日真正的意义，需要结合当下的时事背景理解现代节日赋予的新时代内涵。

教育目标：

认知目标：了解元旦的由来和传说，理解元旦作为现代节日所承载的新的时代内涵。

情感目标：营造快乐祥和的节日氛围，感悟中华优秀传统文化的魅力，激发深厚的民族情感和爱国情怀。

行为目标：总结过去，展望未来，明确个人职责，做出新年规划，弘扬中国精神，传播中国价值。

教育方法：

知识讲授法、小组讨论法、榜样示范法、情感激励法、实践操作法。

设计意图：本节班会以"深入开展我们的节日"为指导思想，设计了"探寻节日意义""传承文化脉搏""感恩美好时代""畅想精彩未来"四个环节，将传统文化融入晚会表演，让学生在丰富多彩的活动中了解元旦的文化寓意和时代内涵，激发学生的爱国情感和传承意识。

活动准备：

1. 教师准备

（1）下载视频《传承的力量——元旦篇》。

（2）准备卡片纸和彩笔等工具。

2. 学生准备

（1）将桌椅环放在教室四周，空出中间活动、表演区域。

（2）一组学生搜集元旦的由来，二组学生搜集元旦的传说，三组学生搜集抗疫英雄的故事，四组学生搜集脱贫攻坚的故事。

（3）四个小组分别准备传统文化才艺，每个小组提报两个节目给班长，文艺委员协同班委制作节目单和串台词，并事先组织彩排。

（4）全班排练歌曲《万疆》。

教育过程

暖场活动：歌曲飞花令

活动规则：班主任宣布活动规则，学生以小组为单位共进行四轮比赛。第一组成员全体起立，按照次序每人演唱一句带有"月"字的歌，此处的"月"必须表达月亮的意思，唱不出的队员自动淘汰就座，其他人继续，直到剩下最后一位获胜者。然后第二、三、四组分别唱出带有颜色、数字、心情的歌，活动结束后各小组最终获胜选手被评为本组的"歌曲达人"。

第一环节：探寻节日意义

活动1：了解节日由来。一组学生分享"元旦"一词的寓意及历史发展，让学生感受元旦所包含的文化意义。

分享内容：

"元"意为：始，大；元气，元素；同"圆"。"旦"意为太阳从地平线上升起，指早晨太阳刚刚升起时候，天地一派欣欣向荣的新气象。"元旦"一词通常指历法中的首月首日，如阴历正月一日、阳历1月1日等。在中国历史上，正月一日有许多称谓，如元旦、元日、元正、元辰、元春、上日、元朔等，但在诸多称谓中还是以称元旦最普遍，时间最长久。从汉武帝起，规定春一月为正月，把一月的第一天称为元旦，一直沿用到清朝末年。

1912年1月1日，"中华民国"宣布成立，孙中山在就任临时大总统所宣读的誓词中，以"中华民国元年元旦"为结尾。1949年9月27日，第一届中国人民政治协商会议在决定建立中华人民共和国的同时，也决定采用世界通用的公元纪年法，即我们所说的阳历。元旦，指西元纪年的岁首第一天。每年1月1日，标志着新一年的到来，人们习惯将这一天称为元旦，俗称公历年、阳历年或新历年。

活动2：了解节日传说。二组学生分享有关元旦的民间传说，让学生感受元旦承载着古代人民对勤政爱民的首领的爱戴之情。

分享内容：

传说在4000多年前的尧、舜盛世之时，首领尧勤政于民，为百姓办了很多好事，很受广大百姓爱戴。但因其子无才具，不太成器，他没把位传给自己的儿子，而是传给了品德才能兼备的舜。尧对舜说："你今后一定要把帝位传给人民最爱戴的人，这样我死后也可安心瞑目了。"后来舜把帝位传给了治洪水有功的禹，禹亦像舜那样亲民爱民，为百姓做了很多好事，十分受人爱戴。后来人们把尧死后，舜帝祭祀天地和尧的那一天，当作一年的开始之日，把农历正月初一称为"元旦"或"元正"，据说这就是古代"元旦"的由来。

活动3：了解节日内涵。元旦不仅有悠久深厚的中国文化内涵，还有深邃的哲学内涵和高远的人生意义，班主任解读元旦的哲学内涵——一元复始、万象更新。

分享内容：

"元"是一年的开始，"一元复始"就是一年又开始了，寄托了古人对开端的重视和对生命的沉思，可知古人的智慧是落实于我们社会民众的生活中的。"元"是最初、原本，落到人生上便是我们原本的热情、最初的理想。"象"是生生不息、创生不已，落到人生上正是《易经》中那句流传千古的智语箴言：天行健，君子以自强不息。将两者糅合到一起，最贴切、准确的现代语言，正是那振聋发聩的四个字——从头再来！过去的一年，你或许历经坎坷，但从来经由坎坷才能完成磨砺，所以不要惧怕挫折，要张开双臂迎接挑战，在新的一年依然保持最初的热情和斗志，全身心地投入学习生活中。

设计意图：通过分享元旦的由来、传说和内涵，使学生更加深入地了解中国传统节日的文化渊源，为更好地传承中华传统文化做好知识铺垫。

第二环节：传承文化脉搏

活动1：感悟传承力量。班主任播放教育部体育卫生与艺术教育司主办的《传承的力量——元旦篇》视频片段，展示新时代学生传承中华优秀文化的故事。

分享内容：

1.杨家埠木版年画

杨家埠木版年画是流传于山东省潍坊市杨家埠的一种传统民间版画，其制作方法简便，工艺精湛，色彩鲜艳，内容丰富，凝聚了众多的民俗风情和审美情趣，同天津杨柳青木版年画、苏州桃花坞木版年画并称民间三大木版年画。2006年5月20日，杨家埠木版年画经国务院批准列入第一批国家级非物质文化遗产名录。山东潍坊市寒亭区实验小学的师生依托年画元素进行创新，融入音乐、舞蹈、手工艺等形式来推广年画，并带动家庭、影响社会，延续和保护杨家埠木版年画，真正成为传统文化的继承者和传播者。

2.五禽戏

五禽戏是中国传统导引养生的一个重要功法，其创编者是东汉名医华佗。2006年，华佗五禽戏被安徽省人民政府批准为省级非物质文化遗产，2011年，又被国务院批准为第三批国家级非物质文化遗产项目。为弘扬和传承中华医药文化，亳州十八中在建校之初就将五禽戏引入校园。为了掌握五禽戏的习练要领，老师和学生们利用课余时间自发组织练习。心中有梦育芳华，亳州十八中的师生胸怀责任和梦想，从点滴做起，在传承五禽戏的路上前进。他们九年如一日，合着旭日舞动，俯仰之间是对五禽戏传承的执着和坚守。

活动2：欣赏传统才艺。为了营造元旦的快乐氛围，开展以"弘扬传统文化，展现青春风采"为主题的文艺晚会，邀请主持人上台，按照节目单次序，让学生依次上台展示中华传统才艺，如：相声、剪纸、书法、国画、戏曲、太极、武术等，陶冶高尚情操，提升文化自信。

设计意图：通过播放《传承的力量——元旦篇》，让学生认识到传承中华优秀传统文化是新时代青年义不容辞的责任。通过传统文化才艺表演，给学生提供自我表现的机会和舞台，展示文化魅力，营造和乐氛围，激励学生用积极向上的态度迎接新年的到来。

第三环节：感恩美好时代

活动1：学习伟大抗疫精神。三组学生分享"人民英雄"国家荣誉称号获得者的抗疫故事，让学生感受伟大抗疫精神的内涵——生命至上、举国同心、舍生忘死、尊重科学、命运与共。

分享内容：

丁原航（化名），男，湖北省某医院院长，是一名渐冻症患者。行动不便的他，一直奋战在抗疫一线，每天接上千个电话。处理无数突发事件的他，无暇顾及感染新型冠状病毒的妻子，始终坚守在抗击疫情最前沿。一天睡眠不到两个小时的他，正在和病魔争夺时间。"我必须跑得更快，才能跑赢时间，把重要的事情做完；我必须跑得更快，才能从病毒手里，抢回更多的病人。"

活动2：学习脱贫攻坚精神。四组学生分享"时代楷模"荣誉称号获得者的脱贫攻坚故事，让学生感受脱贫攻坚精神的内涵——上下同心、尽锐出战、精准务实、开拓创新、攻坚克难、不负人民。

分享内容：

王玉梅（化名），女，中共党员，云南省某中学党支部书记、校长。她胸怀梦想、矢志不渝，扎根边疆教育一线40余年，推动创建了中国第一所公办免费女子高中，建校12年来帮助1800多名女孩走出大山，走进大学。她身患绝症，却拖着病体坚守三尺讲台，把对党的深厚感情转化为立德树人的实际行动，形成了"党建统领教学，革命传统立校，红色文化育人"的特色教学模式，潜移默化中让革命精神、爱国情操、红色基因融入孩子们的血液，代代相传。

设计意图：通过抗疫英雄和扶贫先锋的感人事迹，让学生深刻认识到"许许多多无怨无悔、倾情奉献的无名英雄，以普通人的平凡书写了不平凡的人生"，激励学生感恩伟大时代，热爱伟大祖国。

第四环节：畅想精彩未来

活动1：送出新年祝福。班主任给每位学生随机发放一张带数字编号的空白卡片，拿到相同编号的学生两两结对，然后请学生在卡片上写上祝福语，绘制简单图案，制作新年贺卡，送给与自己结对子的同学。

活动2：唱响新年赞歌。全班学生起立，合唱歌曲《万疆》，让学生感受祖国的伟大与辉煌，表达对祖国的敬畏与深情。

歌词分享：

> 红日升在东方　其大道满霞光
>
> 我何其幸生于你怀　承一脉血流淌
>
> 难同当福共享　挺立起了脊梁
>
> 吾国万疆以仁爱　千年不灭的信仰
>
> 写苍天只写一角日与月悠长
>
> 画大地只画一隅山与河无恙
>
> 观万古上下五千年天地共仰
>
> 唯炎黄心坦荡一身到四方
>
> 抚流光一砖一瓦岁月浸红墙
>
> 叹枯荣一花一木悲喜经沧桑
>
> 横八荒九州一色心中的故乡
>
> 唯华夏靳锋芒道路在盛放

设计意图：通过新年结对子送祝福活动，让学生体会元旦寓意，加深彼此的情感，营造团结和谐的班级氛围。通过齐唱新年欢歌，感受华夏大地的耀眼光芒，激发学生民族自豪感，抒发真挚的爱国情怀。

结束语：

一元复始，万象更新。回望过去的365个昼夜，曾经让我们痛心疾首的挫折、让我们欢呼雀跃的成绩早已留在了记忆深处。一年一度芳草新绿，春已带着希望归来。站在岁首，我们信念坚定、激情满怀；站在岁首，我们翘首期盼，展望未来。让我们再一次埋下希望的种子，悉心呵护，期待来年茁壮成长，果实丰硕；让我们站在新的起点，携手并肩、奋勇向前，期待未来与欢乐相逢，与梦想齐飞！

拓展延伸：

新年是播种的时刻，新年是希望的开始。请学生总结这一年的收获，反思这一年的不足，制定新一年的目标，然后给明年的自己写一封信，放在"新年愿望储藏箱"中，交由班主任封存管理。明年元旦再打开，看看哪些学生达成了自己的目标。以此方式激励学生在新的一年再接再厉，接续奋斗。

教育反思

　　本次班会将文艺表演与传统班会相结合，时长大约为两个小时。首先阐释元旦的由来、发展及内涵，让学生理解庆祝元旦的意义。然后展示传统技艺在校园内的传承与发展，让学生明确自身也承担着传承文化的责任。为了根植中华优秀传统文化深厚土壤，文艺表演以学生的传统才艺表演为主，在班级和乐的氛围中，学生更容易体会到传统文化的内涵美。最后再渗透爱国主义教育，引导学生展望美好未来，感恩伟大时代，培育民族情怀。

第十三课　过中国年，品传统美

——农历正月初一春节

节日简介

春节

图13-1

　　春节，是农历的岁首，是中华民族最隆重、最古老的节日。春节一般指除夕和正月初一。据说，春节最早源于上古时期，当初尧举办了隆重的禅让仪式，册封舜为继承人，而这一天正是正月初一。舜同样选择在这一天举行禅让仪式。于是正月初一被越来越多的百姓认为是一年中最重要的日子。从此，每年的正月初一便成了我国的重要节日。千百年来，人们庆祝年俗的活动丰富多彩。节日期间，亲人团聚，欢乐祥和，熬夜守岁，欢聚畅饮，鞭炮齐鸣，热闹非凡。1949年9月27日，中国人民政治协商会议第一届全体会议决定在建立中华人民共和国的同时，将农历正月初一正式定为"春节"。

教育构思

教育背景：

2017年1月25日，中共中央办公厅、国务院办公厅印发《关于实施中华优秀传统文化传承发展工程的意见》，明确指出，深入开展"我们的节日"主题活动，实施中国传统节日振兴工程，丰富春节、元宵、清明、端午、七夕、中秋、重阳等传统节日文化内涵，形成新的节日习俗。2019年11月12日，中共中央、国务院印发《新时代爱国主义教育实施纲要》，强调要发挥传统和现代节日的涵育功能。大力实施中国传统节日振兴工程，深化"我们的节日"主题活动，利用春节、元宵、清明、端午、七夕、中秋、重阳等重要传统节日，开展丰富多彩、积极健康、富有价值内涵的民俗文化活动，引导人们感悟中华文化、增进家国情怀。

班情分析：

授课对象为中职数控技术应用专业一年级学生，在大多数学生心中，"吃顿年夜饭，领个红包，就算过节"，折射出节日的单调与乏味。如果轻视了春节的文化意味，把过节矮化为"吃、玩、睡""玩、买、游"，那么无论再多的消遣和吃喝，都弥补不了精神的空虚。要想减轻春节"空心化"问题，关键就在于重新认识和整合春节里的文化资源，在传承、弘扬传统文化和创新时代文化中找到属于当代人的春节文化坐标。

教育目标：

认知目标：了解春节的由来、传说，熟悉春节的民俗和歌谣，理解春节的文化和礼仪。

情感目标：感受中华优秀传统文化的博大精深，体味中华优秀传统文化的丰富内涵，感悟中华民族的精神追求。

行为目标：激活中华传统文化的精神基因，弘扬中华优秀传统文化，增强科学节日文化理念，创新节日时代内涵。

教育方法：

知识讲授法、比拼竞争法、合作讨论法、情感陶冶法。

设计意图：本次班会以"感悟传统节日文化"为出发点，通过春节的由来和传说，让学生感受春节源远流长的发展历史；通过春节的习俗和歌谣，让学生感受春节丰富多彩的民族特色；通过春节的文化和礼仪，让学生感悟春节底蕴深厚的道德基因。最后通过总结春节的精神内涵，激发学生传承春节文化的责任感。

活动准备：

1. 教师准备

（1）准备和班级人数对等的红色小卡片。

（2）下载并剪辑视频《春节的记忆》。

2. 学生准备

（1）一组学生搜集春节的由来，二组学生搜集"年"的传说，三组学生搜集"夕"的传说，四组学生排演春节习俗歌谣。

（2）各小组整理春节的传统习俗和文化礼仪。

（3）语文课代表准备两首与春节有关的诗词。

教育过程

暖场活动：幸运分享

活动规则：每位同学领取一张红色小卡片，在卡片上写下自己的姓名，以及一件自己想和其他同学分享的物品，可以是书籍、玩具、手工艺品等任何一件自己拥有的实物。然后将卡片一起放入抽签箱，班主任摇匀后让同学们依次抽签，如果抽到的是自己的卡片，则放回重新抽取；如果抽到的不是自己的卡片，则大声念出卡片上写的物品。等寒假结束后，每位同学要兑现自己的承诺，给对方带来新年礼物，在其乐融融的氛围中开启本次班会。

第一环节：红红火火，鞭炮齐鸣除"夕"

活动1：了解春节的由来。百节年为首，春节是中华民族最隆重的传统佳节。请一组同学分享春节的起源和历史发展。

分享内容：

春节起源于殷商时期年头岁尾的祭神、祭祖活动。虞舜时期，舜即位做了天子，在农历正月初一这一天，带领着属下人员，祭拜天地神灵。从此，人们就把这一天当作岁首。在历史发展演变中，由于朝代更迭、历法变动，岁首（新年）在日期上亦不同。现在农历的正月一日，历史上称为元朔、元日、新元、元旦、正日、元辰、新正等。1914年，民国政府在内务部呈文中提到"拟请定阴历元旦为春节"，"春节"这一说法才逐渐流传开来。1949年9月27日，中国人民政治协商会议第一届全体会议决定采用公元纪年法，将公历1月1日称为"元旦"，农历正月初一称"春节"。

活动2：了解过年的传说。春节是中华民族全年生活的首个重要节日，民间俗称"过年"或"过大年"。那么，"春节"为何又叫"过年"呢？请二组同学分享"年"的传说。

分享内容：

相传"年"是太古时期一种凶猛的怪兽，散居在深山密林中，形貌狰狞，生性凶残，每到年关就下山残害生灵。人们便把这可怕的一夜视为关口来煞，称作"年关"，并且想出了一套过年关的办法：每到这一天晚上，每家每户都提前做好晚饭，熄火净灶封住宅门，躲在屋里吃"年夜饭"。由于这顿晚餐凶吉未卜，所以置办得很丰盛，全家老小围在一起用餐，供奉、祭拜并祈求祖先、神灵保佑，平安地度过这一夜，晚饭后谁都不敢睡觉，挤坐在一起闲聊壮胆。天色渐黑，"年"从深山老林里窜进村落，却瞧不见一个人影儿，只得快快返回。熬过"年关"的人们欣喜不已，感谢天地祖宗保佑，打开大门燃放鞭炮庆贺，同邻里亲友见面道喜，以后逐渐形成了熬年守岁、燃放鞭炮、拜年等习俗。

活动3：了解除夕的传说。除夕是指每年农历腊月的最后一天的晚上，它与春节首尾相连。除夕的意思是"月穷岁尽"，人们都要除旧布新，有"旧岁至此而除，来年另换新岁"的意思，请三组同学分享"夕"的传说。

分享内容：

除夕是春节的前夜，又叫年三十。有一种传说：是古时候有个凶恶的怪兽叫夕，每到岁末便出来害人。后来，人们知道夕最怕红色和声响，于是年三十晚上，家家户户贴红春联、燃放爆竹来驱除夕兽，以求新的一年安宁。这种习俗从此流传下来，年三十晚上便称为除夕了。年三十也就是"除夕"，这天是人们吃、喝、玩、乐的日子。

设计意图：通过分享春节的由来，让学生了解春节的悠久历史和名称演变。通过过年和除夕的民间传说，让学生了解中国古代人民丰富的想象力和对美好生活的期盼。

第二环节：走家串户，共享年俗之乐

活动1：了解春节的习俗。在传统的农耕社会，立春岁首具有重要的意义，衍生了大量与之相关的岁首节俗文化，请每个小组分享一个流传至今的春节习俗。

分享内容：

1. 贴年红

年红是春联、年画、"福"字、门神等过年时所贴的红色喜庆元素的统称，一般在年廿八、廿九或三十日家家户户"贴年红"。春联的原始形式就是"桃符"，另一来源是春贴，后逐渐发展为春联。它以工整、对偶、简洁、精巧的文字描绘时代背景，抒发美好愿望，是中国特有的文学形式。年画是中国的一种古老的民间艺术，反映了人民朴素的风俗和信仰，寄托着他们对未来的希望。"福"字与窗花不仅能烘托喜庆的节日气氛，也集装饰性、欣赏性和实用性于一体。过年贴年红是中国传统的过年习俗，增添了喜庆的节日气氛，并寄予着人们对新年和新生活的美好期盼。

2. 分压岁钱

压岁钱是春节孩子们最喜欢的年俗之一，年夜饭后，长辈要将事先准备好的压岁钱派发给晚辈。压岁钱最初的用意是镇恶驱邪。因为人们认为小孩容易受鬼祟的侵害，所以用压岁钱压祟驱邪，晚辈得到压岁钱就可以平平安安度过一岁。关于压岁钱的文字记载最早可追溯到汉代，压岁钱又叫压胜钱，并不在市面上流通，而是铸成钱币形式的玩赏物，用以避邪。在历史上压岁钱分多种，一种是由长辈派发给晚辈，包含着长辈对晚辈的关切之情和真切祝福；另一种是晚辈给老人的，这个压岁钱的"岁"指的是年岁，意在期盼老人长寿。

3. 放爆竹

中国民间有"开门炮仗"一说，即在新的一年到来之际，家家户户开门的第一件事就是放爆竹，以哔哔叭叭的爆竹声除旧迎新。爆竹是中国特产，亦称爆仗、爆竹、炮仗、鞭炮。其起源很早，《通俗编排优》记载道："古时爆竹，皆以真竹着火爆之，故唐人诗亦称爆竿。后人卷纸为之，称曰'爆竹'。"放爆竹的原始目的是迎神与驱邪，后来以其强烈的喜庆色彩发展为辞旧迎新的象征符号。随着时代的发展，人们也逐渐认识到烟花爆竹所造成的环境危害，禁放烟花爆竹也逐渐为人们所接受，这也是城市治理的一种进步。

4. 拜年

春节期间走亲访友拜年是年节传统习俗之一，是人们辞旧迎新、相互表达美好祝愿的一种方式。初二、初三就开始走亲戚、看朋友，相互拜年。拜年的意义所在是亲朋好友之间走访联络感情、互贺新年，表达对亲朋的关怀以及对新的一年生活的美好祝福。随着时代的发展，拜年的习俗亦不断增添新的内容和形式，因疫情防控需求，在通过电话、短信等传统方式拜年的基础上，通过新媒体手段"云拜年"、短视频拜年成为新年俗。

活动2：欣赏春节的歌谣。歌谣通常是人们的口头创作，贴近生活，直接表达人们的思想情感和意志愿望。春节歌谣里包含着独具特色的民俗风情，请四组同学唱春节歌谣。

歌谣内容：

北京歌谣：小孩儿小孩儿你别馋，过了腊八就是年；腊八粥，喝几天，哩哩啦啦二十三；二十三，糖瓜粘；二十四，扫房子；二十五，冻豆腐；二十六，去买肉；二十七，宰公鸡；二十八，把面发；二十九，蒸馒头；三十晚上熬一宿；初一、初二满街走。

台湾歌谣：二十三，祭灶官；二十四，扫房子；二十五，磨豆腐；二十六，去割肉；二十七，杀只鸡；二十八，蒸枣花；二十九，去打酒；大年三十儿捏饺儿；大年初一儿，撅着屁股乱作揖儿！

设计意图：通过分享春节习俗和趣味民谣，让学生体悟：从岁首祈年祭礼的上古时代到今天这个瞬息万变的信息时代，春节这个节日被一代代中国人传承着。在这个绵延不断的链条中，过年的内容和方式不断发生着变化，但过年的诸多精神内涵却一直传承至今。

第三环节：团圆祥和，传承礼仪风尚

活动1：感悟春节诗词的年味。春节是古代普天同庆的美好节日，文人墨客都喜欢在此时吟诗作赋，留下对于春节的美好感受。请语文课代表分享两首春节诗词，并说明其中提到的春节习俗。

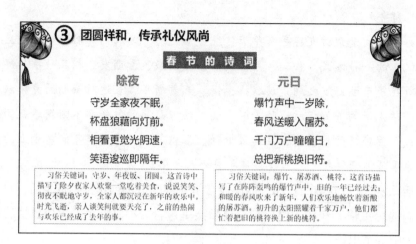

③ 团圆祥和，传承礼仪风尚

春 节 的 诗 词

除夜

守岁全家夜不眠，
杯盘狼藉向灯前。
相看更觉光阴速，
笑语逡巡即隔年。

> 习俗关键词：守岁、年夜饭、团圆。这首诗中描写了除夕夜家人欢聚一堂吃着美食，说说笑笑、彻夜不眠地守岁，全家人都沉浸在新年的欢乐中。时光飞逝，亲人谈笑间就要天亮了，之前的热闹与欢乐已经成了去年的事。

元日

爆竹声中一岁除，
春风送暖入屠苏。
千门万户曈曈日，
总把新桃换旧符。

> 习俗关键词：爆竹、屠苏酒、桃符。这首诗描写了在阵阵发鸣的爆竹声中，旧的一年已经过去；和暖的春风吹来了新年，人们欢乐地畅饮着新酿的屠苏酒。初升的太阳照耀着千家万户，他们都忙着把旧的桃符换上新的桃符。

图13-2

活动2：了解春节待客的礼仪。中国素为礼仪之邦，优良的礼仪文化传统源远流长。春节是最盛大的传统节日，在此期间少不了走亲访友，聚餐聚会。请各小组代表依次上台分享两种基本的春节礼仪。

分享内容：

1. 守岁礼仪

守岁时不要说不吉利的话，特别是家里有老人在的情况下。切记娱乐要适度，通宵达旦有悖于日常生活规律，对身体健康不利。

2. 拜年礼仪

拜年的最佳时间是上午九时至十一时，下午应以三时至五时为宜。向长辈拜年最好安排在节日内，以示敬重。

3. 着装礼仪

拜年时穿衣和打扮要干净、整洁、大方，适当穿上一些喜庆的衣服，给人一种节日的美感。

4. 称呼礼仪

拜年要讲究称呼的规范化，到亲戚家拜年，要事先对可能碰到的长辈、同辈的称呼有所了解。

5. 红包礼仪

长辈给红包的时候要双手接过，并说声谢谢。接过红包，千万不能当面拆开。

6. 语言礼仪

"过年言好事，出口称吉祥"，对不同的人，应有不同的祝贺语。可赞美老人的气色、健康，对中青年要多赞美事业、健康、家庭关系；对孩子要多赞美聪慧、学业、礼貌懂事。

7. 待客礼仪

客人来到家中，要热情接待。首先请客人落座，然后用双手敬茶、端出糖果，并为客人剥糖纸、削果皮。客人告辞，一般应婉言相留。客人要走，主人应等客人起身后再起身相送。不可客人一说走，主人就站起来。

8. 餐桌礼仪

用餐时，随时保持桌面的整洁；细嚼慢咽，餐食在口不说话；不翻拣盘中食物，夹取菜食使用公筷；单手不可同时拿两种餐具；不可挥动餐具指人；不要端着碗到处跑；不能用筷子敲盘碗，筷子不许立插在米饭中。

设计意图：通过分享春节诗词和春节礼仪，让学生感受春节的欢庆氛围，继承中国的优良传统文化，感悟春节文化中蕴含着中国传统价值观以及中华民族的精神追求。

第四环节：阖家团圆，守护中国年味

活动1：品味春节的精神内涵。从岁首祈年祭礼的上古时代到今天瞬息万变的信息时代，春节被一代代中国人传承着，虽然过年的内容和方式不断发生着变化，但过年的精神内涵却一直传承至今。班主任总结春节的精神内涵。

分享内容：

1. 一颗感恩之心

通过祭神祭祖，感恩天地护佑、祖先保佑，让我们在"衣食住行用"上有所收获。春节祭神祭祖的习俗能一直保留下来，是因为我们的感恩之心以及对丰收、平安、祥和的期盼一直没有改变。春节是中国人的感恩节，从古至今，春节习俗始终承载着一颗颗感恩的心。

2. 一种团圆之乐

与亲人团圆，让我们尽享天伦之乐，尽情释放在"仁义礼孝和"方面的心理需求。如果说除夕夜的主题是家人团圆，那么春节期间走亲访友、互相拜年，则是在更大范围内和亲朋好友的团圆。春节是中国人的团圆节，从头至尾始终洋溢着亲人团聚的欢乐。

3. 一个希望之梦

贺春庆典，让我们于欢乐中憧憬"福禄寿喜财"方面的人生理想和追求。春节的热闹是人们对自己一年成就的庆祝，也是辛勤劳作一年后的放松，更饱含着人们对新一年的希望、憧憬和梦想。春节是中国人的狂欢节，自始至终在欢乐中编织着来年的希望之梦。

活动2：感受春节的时代记忆。对于春节，每个年代的人都有不同的感想和记忆，春节在每一个中国人的记忆里都刻画下不同的年轮，虽时代变迁，但永不磨灭。班主任播放视频《春节的记忆》，学生思考如何继承并发扬春节文化，小组内交流讨论并发表观点。

设计意图：通过总结春节的精神内涵，让学生体会春节所蕴含的积极的价值观念，通过分享春节的时代记忆，让学生感受不同年代的人心目中的年味，激励学生永存感恩之心，永盼团圆之乐，永做希望之梦。

结束语：

爆竹声起，又是一年。扫尘迎新、除夕守岁、灯火璀璨。春节是阖家团聚的亲情盛宴，漂泊在外的万千游子踏上返乡之路，渴望团聚，期盼团圆。逐梦人点亮心中的灯烛，期待新的一年，展望美好图景。新年再进百尺竿，新的一年孕育着新的梦想，承载着新的希望，更鞭策我们续写新的辉煌未来。让我们迎着春风，走进蓬勃的希望，期待青春的心焕发出斑斓的色彩！

拓展延伸：

请每位同学在春节期间观察家庭或亲朋好友的过年习俗，用文字、照片或视频等形式记录春节的美好记忆或文化传承，上传到班级群与同学们共享。班主任将选取优秀素材制作短视频《韵味春节》，留作班级的春节记忆。

教育反思

本节班会通过讲故事、唱歌谣、诵古诗、学礼仪、观视频、谈感想等诸多形式，让学生走进春节的文化传统，清晰地看到古代中国人民社会生活的精彩画面，从而感悟中国人民对美好生活的向往和追求，以及对自然的敬畏和对先辈的怀念，见证人性的温暖与奋发的热情，激发学生守望并传承中华优秀传统文化，涵养向新而行的春节文化自信。

第十四课　元宵喜乐，美满传承

——农历正月十五元宵节

节日简介

元宵节

图14-1

"东风夜放花千树，更吹落，星如雨。"这是辛弃疾《青玉案·元夕》对元宵节的描述。从诗中我们仿佛可以看到那满城灯火、满街游人、火树银花的元宵佳节。作为中国传统节日，元宵节自古以来就是春节过后的第一个"大节"，又称上元节、元夕、小年或灯节。2000多年前的西汉时期，司马迁创建《太初历》，将元宵节列为重大节日。元宵节是从何而来呢？正月亦是农历的元月，古人称夜为"宵"，同时正月十五是新年的第一个月圆之夜，古时民间在这一天有开灯祈福、祭神祈福的活动，加之各朝各代的重视，慢慢地正月十五元宵节成为法定之事。随着社会和时代的变迁，元宵节的风俗习惯也已有了变化，但一直不变的是，正月十五这天全国各地的人们会赏花灯、吃元宵、猜灯谜等，当然各地也有各地的特色。2008年6月，元宵节选入第二批国家级非物质文化遗产。时至今日，元宵节仍是我国重要的民间传统节日之一。

教育构思

教育背景：

习近平总书记在党的十九大报告中指出，要深入挖掘中华优秀传统文化蕴含的思想观念、人文精神、道德规范，结合时代要求继承、创新，让中华文化展现出永久魅力和时代风采。中国传统节日文化中蕴含着中华魂、民族根，是中国人生活、情感和愿望的共同表达。元宵节作为重要的传统节日之一，承载着人伦孝悌的血脉亲情，民族团结和国家统一、民族融合的愿望，具有浓厚的历史文化底蕴。发现传统节日背后的教育智慧，提炼传统故事和活动中的人文精神，引导学生认识经典，体验乐趣，树立自信，认同自我，是每一位教育工作者的必修课。

班情分析：

授课对象为中职建筑装饰专业一年级学生，随着生活条件的日益改善，他们对中国传统节日的认知越来越淡薄，仅仅停留在"吃元宵""看晚会"等简单习俗认知上，缺乏对节日文化底蕴的深入理解，缺乏对节日时代内涵的传承意识，需要教师引导其关注传统节日，了解传统文化，发掘时代价值，增强文化认同。

教育目标：

认知目标：了解元宵节的由来、传说、习俗、典故等内容，理解元宵节所蕴含的文化意义。

情感目标：激发对元宵节的浓厚兴趣，感受传统文化的深刻内涵，懂得珍视传统文化所蕴含的美好期盼。

行为目标：提升传承和发展传统节日的历史责任感，身体力行地传承和发扬元宵节的文化习俗和价值意义。

教育方法：

比拼竞争法、知识讲授法、情感熏陶法、实践体验法。

设计意图：本次班会以"传承中华文化，共话元宵佳节"为指导思想，设计了"寻元宵佳节之源""品元宵文化之美""庆元宵家国之情"三个环节，旨在让同学们在丰富多彩的活动中了解元宵节这一民族节日及其风俗习惯，激发学生热爱家庭、热爱祖国的情感，体会传统节日的独特魅力，积极地传承和弘扬民族文化。

活动准备：

1. 教师准备

（1）下载短视频《元宵抗"疫"，致敬英雄》。

（2）下载短视频《非遗传承之灯笼剪纸》。

（3）准备红色纸及剪纸工具等。

2. 学生准备

（1）学生在寒假利用快餐盒、饮料瓶等废旧材料制作花灯。

（2）每个小组提交五个灯谜。

（3）一组学生搜集元宵节的由来，二组学生搜集元宵节的传说，三组学生搜集元宵节的民俗，四组学生搜集元宵节的名人典故。

（4）四个小组同学分别搜集唐、宋、明、清有关元宵节的诗词。

教育过程

暖场活动：速猜灯谜

活动规则：班主任将收集上来的谜面放在花灯中，将花灯悬挂在教室里并进行编号，学生以小组为单位抽签，每次可同时抽出五个谜面，在五秒内猜出一个谜底可加一分，猜不出的谜面则放回原处，由下一个小组抽签，直至所有灯谜被猜出谜底。得分最高的小组获胜，小组成员可以挑选一盏自己喜欢的花灯拿走。此活动既启迪智慧又能为班会营造轻松喜庆的节日气氛。

第一环节：寻元宵佳节之源

活动1：了解节日起源。一组学生分享元宵节的名称由来及历史发展，让学生感受元宵节的文化底蕴和节日意义。

分享内容：

元宵节是中国的传统节日之一，时间为每年农历正月十五。正月是农历的元月，古人称"夜"为"宵"，正月十五是一年中第一个月圆之夜，所以称正月十五为"元宵节"。元宵节在早期节庆形成过程中，只称正月十五、正月半或月望。汉文帝时，下令将正月十五定为元宵节。汉武帝时，"太一神"（主宰宇宙一切之神）的祭祀活动定在正月十五。司马迁创建太初历时，就已将元宵节确定为重大节日。

元宵赏灯始于东汉明帝时期，明帝提倡佛教，听说佛教有正月十五日僧人观佛舍利、点灯敬佛的做法，就下令这一天夜晚在皇宫和寺庙里点灯敬佛，命令士族庶民都挂灯。此后这种佛教礼仪节日逐渐演变为民间盛大的节日。唐朝时佛教大兴，仕官百姓普遍在正月十五这一天"燃灯表佛"，佛家灯火于是遍布民间。从唐代起，元宵张灯即成为法定之事。唐初受了道教的影响，正月十五这一天又称上元节，唐末才又称元宵，自宋以后也称灯夕，到了清朝就另称灯节。

活动2：了解节日传说。二组学生分享两个不同版本的元宵节民间传说，让学生感受元宵节所承载的文化特色。

分享内容：

1.与拯救百姓有关的传说

传说一只神鸟因为迷路而降落人间，却意外地被不知情的猎人给射死了。天帝知道后震怒，下令让天兵于正月十五日到人间放火，把人畜财产通通烧掉。天帝的女儿心地善良，不忍心看百姓无辜受难，偷偷驾着祥云来到人间通报消息。百姓想出一个法子，在正月十四、十五、十六日这三天，每户人家都在家里张灯结彩、点响爆竹、燃放烟火。到了正月十五晚上，天帝往下一看，发觉人间一片红光，响声震天，连续三个夜晚都是如此，以为是大火燃烧的火焰。百姓们就这样保住了生命和财产。以后每到正月十五，家家户户都悬挂灯笼、燃放烟火来纪念这个日子。

2.与平定天下有关的传说

汉高祖刘邦死后，吕后之子刘盈登基为汉惠帝，他生性懦弱，优柔寡断，大权渐渐落在吕后手中。汉惠帝病死后，吕后独揽朝政，把刘氏天下变成了吕氏天下。吕后病死后，诸吕在上将军吕禄家中秘密集合，共谋作乱之事，以便彻底夺取刘氏江山。此事传至刘氏宗室齐王刘襄耳中，刘襄为保刘氏江山，决定起兵讨伐诸吕。随后刘襄与开国老臣周勃、陈平达成共识，合力解决吕禄，彻底平定"诸吕之乱"。平乱之后，众臣拥立刘邦的第二个儿子刘恒登基，称汉文帝。文帝深感太平盛世来之不易，便把平息"诸吕之乱"的正月十五，定为与民同乐日，京城里家家张灯结彩，以示庆祝。

活动3：了解节日民俗。三组学生以新闻播报的形式分享元宵节的民俗，让学生熟悉元宵节的文化习俗。

分享内容：

1. 吃元宵

北方"滚"元宵，南方"包"汤圆，元宵和汤圆是两种做法和口感都不同的食品。但他们大多以白糖、玫瑰、芝麻、豆沙、黄桂、核桃仁、果仁、枣泥等为馅，用糯米粉包成圆形，有团圆美满之意。古时"元宵"价格比较高，有一首诗说："贵客钩帘看御街，市中珍品一时来。帘前花架无行路，不得金钱不肯回。"

2. 耍龙灯

耍龙灯，也称舞龙灯或龙舞。中华民族崇尚龙，把龙作为吉祥的象征，龙舞流行于中国很多地方。汉代张衡的《西京赋》在百戏的铺叙中对龙舞做了生动的描绘，据《隋书·音乐志》记载，隋炀帝时，类似百戏中龙舞表演的"黄龙变"也非常精彩。

3. 闹花灯

元宵节有挂灯、打灯、观灯等习俗，故也称灯节。闹花灯是元宵节传统节日习俗，始于西汉。汉明帝为了弘扬佛法，下令正月十五夜在宫中和寺院"燃灯表佛"，此后，元宵节放灯就由原来只在宫廷中举行而流传到民间。元宵节闹花灯的习俗兴盛于隋唐，隋唐以后的各代灯火之风盛行，并沿袭传于后世。

4. 猜灯谜

猜灯谜又称打灯谜，是中国独有的富有民族风格的一种传统民俗文娱活动形式，是元宵节特色活动。每逢农历正月十五，人们便把谜语写在纸条上，贴在五光十色的彩灯上供人猜，此后猜谜逐渐成为元宵节不可缺少的节目。灯谜增添了节日气氛，展现了古代劳动人民的聪明才智和对美好生活的向往。

设计意图：通过各小组学生介绍元宵节由来、传说及习俗，使学生对节日的认识不止停留在吃的层面，而是更加深入地了解中国传统节日的文化渊源，为更好地传承中华传统习俗做好知识铺垫。

第二环节：品元宵文化之美

活动1：元宵诗词鉴赏接龙。"一曲笙歌春如海，千门灯火夜似昼。"历代文人墨客赞美元宵花灯的诗句数不胜数，请四位小组代表依次上台分享唐、宋、明、清的元宵节诗词，并阐述对诗歌的理解，让学生体会元宵节诗词的文化传承。

分享内容：

1. 唐代

唐代时，元宵放灯已发展成为盛况空前的灯市。唐代诗人苏味道的《正月十五夜》："火树银花合，星桥铁锁开。暗尘随马去，明月逐人来。"值得称道的首推崔液的《上元夜》："玉漏铜壶且莫催，铁关金锁彻明开。谁家见月能闲坐，何处闻灯不看来。"虽没有正面描写元宵节灯会盛况，但却生动描绘了欢乐愉悦、热烈熙攘的节日场景。

2. 宋代

宋代的元宵夜更是盛况空前，灯市更为壮观。苏东坡有诗云："灯火家家有，笙歌处处楼。"范成大也有诗写道："吴台今古繁华地，偏爱元宵影灯戏。"诗中的"影灯"即是"走马灯"。辛弃疾曾有一阕千古流传的颂元宵节灯会盛况之词："东风夜放花千树，更吹落，星如雨。宝马雕车香满路。凤箫声动，玉壶光转，一夜鱼龙舞。"

3. 明代

明代更加铺张，将元宵节放灯从三夜改为十夜。唐伯虎曾赋诗盛赞元宵节，把人们带进迷人的元宵之夜。诗曰："有灯无月不娱人，有月无灯不算春。春到人间人似玉，灯烧月下月似银。满街珠翠游村女，沸地笙歌赛社神。不展芳尊开口笑，如何消得此良辰。"灯月辉映的乡村是美的，灯月映照下的村女青春焕发，尽情欢笑。

4. 清代

清代元宵节的热闹场面中，除有各种花灯，还有舞火把、火球、火雨、耍火龙、火狮等。清代诗人姚元之写的《咏元宵节》，别有情趣："花间蜂蝶趁喜狂，宝马香车夜正长。十二楼前灯似火，四平街外月如霜。"以拟人的手法写花间蜂蝶见到元宵灯火误以为百花盛开而"喜狂"，生动精彩地描述了元宵节期间观灯游玩的热闹场景。

活动2：元宵经典名人趣谈。四组学生分享与元宵节相关的趣闻逸事，增加班会的喜乐氛围，同时扩展学生对元宵节的文化认知。

分享内容：

汉文帝：下令将正月十五命名为"元宵节"的人。

汉明帝：下令点灯敬佛，百姓挂灯，是赏花灯的创始人。

汉武帝：正月十五祭祀天神的倡导者。

东方朔：成全元宵姑娘，元宵节里最浪漫的人。

杨素：破镜终重圆，成人之美的人。

辛弃疾：众里寻他千百度，元宵节里最痴情的人。

田登：只许州官放火，不许百姓点灯的人。

朱元璋：狂杀一条街，元宵节里最凶残的皇帝。

贾似道：第一个制作灯联的人。

袁世凯：因为"元宵"与"袁消"谐音，袁世凯就不准说元宵，只能叫汤圆。

活动3：元宵节节日价值探析。元宵节之所以得以传承，是因为这个节日蕴含了丰富的文化意义，班主任分享元宵节的文化价值和历史意义，让学生体会元宵节所承载的美好期望。

分享内容：

普天同庆——元宵节被人们视为春节最后的高潮，因为过了这天，人们就要真正进入新一年的生产生活，所以人们欢庆元宵节，以祈求上苍保佑当年风调雨顺、庄稼丰收，这也表达了人们对新年的美好期盼。

爱情自由——元宵节是中国传统社会的浪漫节日，元宵灯会给未婚男女相识提供了一个机会。年轻女孩会借由结伴出游赏花灯，为自己物色心仪对象，正如辛弃疾所说："众里寻他千百度，蓦然回首，那人却在灯火阑珊处。"

祈求子嗣——元宵节也是一个求子的日子。宋代陈元靓《岁时广记》卷十二"偷灯盏"，解释当时人在元宵节偷灯的原因时说："一云，偷灯者，生男子之兆。"这里"灯"谐音"丁"，就是男丁。偷灯就象征着生育儿子，偷灯就是祈求子嗣绵延。

设计意图：通过师生共同分享元宵节诗词和文化内涵，让学生体会古人在诗词中描写元宵节是在品味一种心情，更是一种对中国传统文化的继承与延续。

第三环节：庆元宵家国之情

活动1：分享元宵家庭乐事。学生以小组为单位分享在家过元宵节的趣味活动、美好记忆和习俗传承，感悟元宵节所蕴含的温馨的阖家团圆情结。

活动2：感悟元宵战"疫"情浓。班主任播放短视频《元宵抗"疫"，致敬英雄》，展示医生、护士、警察等各行各业的人们在元宵节放弃家庭团圆，坚守抗疫一线的感人场景，学生代表畅谈感悟。

活动3：传承元宵习俗文化。班主任给每个小组发放纸及工具，循环播放短视频《非遗传承之灯笼剪纸》，让学生根据视频学习剪灯笼，完成后评选优秀创意作品张贴在教室宣传栏，增加节日的欢庆氛围。

设计意图：通过分享温馨的元宵节记忆，使学生在故事中感悟元宵节对于国人的重要含义，从而珍惜亲情，热爱家庭。通过分享抗疫一线的感人画面，让学生体悟守住战疫防线就是守住团圆的大爱情怀，升华班会内容。通过集体创意剪灯笼，让学生体会剪纸承载着人们对美好生活的向往和对吉祥幸福的期盼。

结束语：

"火树银花合，星桥铁锁开。"元宵节，是春节之后迎来的一个盛大的传统佳节。这一天，昼夜喧呼，灯火不绝，人来人往。这一天，万家团圆、共享天伦，走亲访友、共祝美好。在平和皎洁的月光下，万家灯火，我们的心变得宁静而柔软，我们因团聚而喜悦，因团圆而幸福。岁月流转，人心未变，元宵节依然是我们割舍不掉的精神符号，始终传递着华夏儿女的真诚祈愿与祝福。

拓展延伸：

新学期树立新目标，班主任给学生分发目标挑战卡，请学生根据自己的实际情况认真写下自己的目标，并粘贴在班级学习墙上，帮助学生告别寒假，收拾心情，整装待发，以全新的姿态迎接新学期的学习挑战。

教育反思

由于外来文化的影响、家庭教育的缺失等原因，学生对传统节日文化淡漠，因此，通过学校、社会等各方面力量对中小学生进行传统节日文化教育，提高学生的传统节日意识刻不容缓。本节班会课以元宵节为切入点，开展节日文化教育，弘扬优秀传统文化，将传统节日文化自然融入学生第二课堂教育，为学生关注传统节日、了解传统文化、发掘时代价值、增强文化认同搭建了教育渠道，也成为学校培育和弘扬社会主义核心价值观的重要平台。

下 篇

赓续文明，敦品励行

第十五课　服务他人，奉献社会

——3月5日学雷锋纪念日

节日简介

学雷锋纪念日

图15-1

　　雷锋（1940年12月18日—1962年8月15日），是伟大的共产主义战士，虽然他的人生只有短短的22个春秋，可是他那闪耀着共产主义思想光辉的崇高精神却长留人间。1963年3月5日，毛泽东主席"向雷锋同志学习"的题词在《人民日报》发表，该纪念日由此而来。此后的几十年中，雷锋精神成为全心全意为人民服务精神的代名词。雷锋精神是中华民族传统美德与社会主义精神、共产主义精神最完美的结合。雷锋的一言一行，一举一动，所表现出的是一个革命战士、共产党人为实现共产主义伟大理想而奋斗的精神。

教育构思

教育背景：

2017年8月22日，教育部印发的《中小学德育工作指南》提出，开展学雷锋志愿服务。雷锋精神是中华民族精神的重要内容，体现了中华民族的传统美德，顺应了社会进步的时代潮流，彰显了我们党的先进本色，是社会主义核心价值体系的生动体现。习近平总书记指出："雷锋精神，人人可学；奉献爱心，处处可为。"青少年是学雷锋活动的重要主体，各级各类学校是学雷锋活动的重要阵地，应当积极贯彻落实《关于深入开展学雷锋活动的意见》的相关要求，组织开展学雷锋志愿服务，广泛开展与学生年龄、智力相适应的志愿服务活动。

班情分析：

授课对象为中职现代家政服务与管理专业一年级学生。雷锋精神是学生耳熟能详的、从小到大一直贯穿学习的德育内容，中职生在学习、继承和发扬雷锋精神方面有着得天独厚的基础优势，但很多学生对雷锋精神的理解仅停留在做好人好事的层面，流于形式，浮于表面，未能深刻领悟雷锋精神的内涵。另外，还有个别学生由于家庭教育、学习主动性诸多方面原因，认为自己不需要他人的帮助，自己也不愿帮助他人，不愿替他人着想，导致在学雷锋、倡奉献方面存在一定困难。

教育目标：

认知目标：了解雷锋的生平、感人故事和心路历程，理解雷锋精神的内涵。

情感目标：将雷锋精神植入人心，感悟雷锋精神的时代价值，确信雷锋精神是永恒的，永远值得弘扬。

行为目标：继承和弘扬雷锋精神，增强社会责任感，建立服务他人、奉献社会的信念，使学雷锋向常态化发展。

教育方法：

情感陶冶法、合作探究法、比拼竞争法、榜样示范法。

设计意图：本次班会立足学雷锋纪念日这一特殊的时间节点，结合中职一年级学生面临的实际问题，抓住教育契机，引导学生通过"了解雷锋其人""感悟雷锋事迹""传承雷锋精神"三个环节，重温雷锋故事，感受雷锋精神的丰富内涵，思考如何赋予"雷锋精神"新的内涵，通过层层递进的设计不断丰富学生认知，引导学生传承、践行、弘扬"雷锋精神"。

活动准备：

1. 教师准备

（1）准备两个呼啦圈。

（2）剪辑电影《雷锋》和《离开雷锋的日子》片段。

2. 学生准备

（1）各小组按教师给定主题搜集雷锋的故事和事迹：一组学生搜集雷锋的童年经历，二组学生搜集雷锋的参军经历，三组学生搜集雷锋青年时代的成长历程，四组学生搜集并筛选雷锋日记的部分内容。

（2）各小组搜集疫情期间发扬雷锋精神的事例、素材。

（3）挑选两名学生排演诗朗诵《永远的二十二岁》。

教育过程

暖场活动：一圈到底

活动规则：每个小组挑选六名队员上台，手拉手站成一排，用呼啦圈穿过所有人的身体，直到最后一名学生。在活动过程中，只能依靠肢体语言和眼神进行沟通，相互拉着的手不能放开，也不能用手指去勾呼啦圈，用时最短的小组获胜，培养团队的协作互助能力。

第一环节：了解雷锋其人

活动1：了解雷锋之悲惨童年。请一组学生分享雷锋的童年经历，学生表达感受，了解雷锋童年时的时代背景，感悟雷锋在旧社会所遭受的苦难。

分享内容：

雷锋于1940年12月出生在湖南省望城县简家塘村一个贫苦农民的家庭里，他的童年是在苦难中度过的，小的时候就失去了亲人。他的爸爸是被日本人打死的，哥哥是给地主打工活活累死的，弟弟是饿死的，妈妈是被逼死的。雷锋在不满七岁时就成了孤儿，本家的六叔奶奶收养了他。他为了回报六叔奶奶家，常常去上山砍柴，可是，当地的柴山都被有钱人家霸占了，不许穷人去砍。雷锋有一天到蛇形山砍柴，被徐家地主婆看见了，地主婆指着雷锋破口大骂，并抢走他的柴刀，在他的左手背上连砍三刀……

活动2：理解雷锋之立志参军。请二组学生分享雷锋的参军经历，学生表达观点，了解雷锋参军的原因，感悟在雷锋心底里埋下的爱国种子。

分享内容：

1949年8月，中国人民解放军路过雷锋的家乡。雷锋看见宿营的队伍一住下来，解放军便向老乡问寒问暖，还帮助老乡挑水扫地，买柴买菜按价付钱，不拿群众的一针一线，就从心底萌生了要参军的愿望。雷锋找到部队的连长，坚决要当兵。连长得知他苦难的身世后，告诉他，他还小，等长大了才能当兵，并把一支钢笔送给了他，鼓励他要好好学习，长大了才能保卫和建设中国。1950年，乡政府的党支书供雷锋免费读书，雷锋还当上了儿童团团长，积极参加土改，站岗、放哨、巡逻，防止敌人破坏，他还学会说快板搞宣传。

活动3：感悟雷锋之思想成长。请三组学生分享雷锋青年时代的发展，学生交流讨论，了解雷锋的成长经历，认识雷锋在任何岗位上都积极进取、尽职尽责、甘于奉献的态度。

设计意图：通过雷锋的生平简介，让学生认识到雷锋的思想进步是源于童年遭受的苦难以及共产党给人民带来的希望，让学生深入理解雷锋短暂而又光荣的一生以及他积极乐观的人生态度和不断进取的价值追求。

第二环节：感悟雷锋事迹

活动1：重温雷锋故事。班主任选取电影《雷锋》中几个有代表性的片段播放，展现雷锋全心全意为人民服务的动人事迹。学生畅谈观后感，感悟雷锋的光辉形象。

活动2：学习雷锋日记。请四组学生声情并茂地诵读在网上搜集到的雷锋日记中的内容片段，并说明选择这些内容的理由。

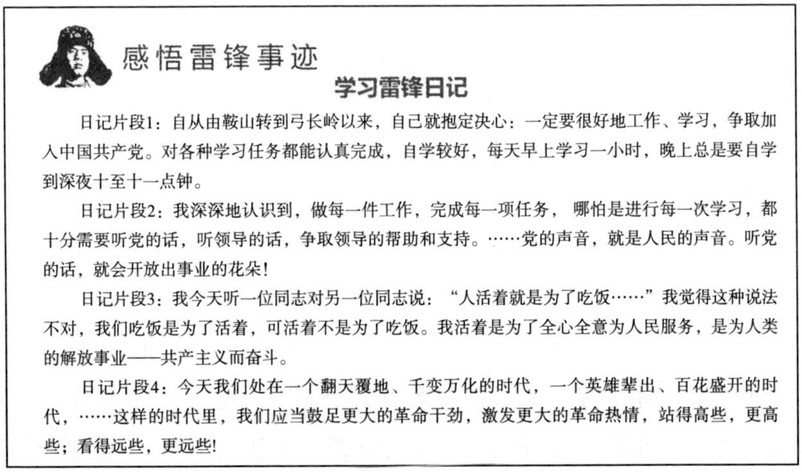

 感悟雷锋事迹

学习雷锋日记

日记片段1：自从由鞍山转到弓长岭以来，自己就抱定决心：一定要很好地工作、学习，争取加入中国共产党。对各种学习任务都能认真完成，自学较好，每天早上学习一小时，晚上总是要自学到深夜十至十一点钟。

日记片段2：我深深地认识到，做每一件工作，完成每一项任务，哪怕是进行每一次学习，都十分需要听党的话，听领导的话，争取领导的帮助和支持。……党的声音，就是人民的声音。听党的话，就会开放出事业的花朵！

日记片段3：我今天听一位同志对另一位同志说："人活着就是为了吃饭……"我觉得这种说法不对，我们吃饭是为了活着，可活着不是为了吃饭。我活着是为了全心全意为人民服务，是为人类的解放事业——共产主义而奋斗。

日记片段4：今天我们处在一个翻天覆地、千变万化的时代，一个英雄辈出、百花盛开的时代，……这样的时代里，我们应当鼓足更大的革命干劲，激发更大的革命热情，站得高些，更高些；看得远些，更远些！

图15-2

活动3：讨论雷锋精神。各小组展开讨论，从电影片段的客观展现和雷锋日记的自我陈述中，归纳总结雷锋精神的内涵。

总结内容：

雷锋精神的核心是全心全意为人民服务。其内涵包括：爱国精神、爱岗敬业、助人为乐、钉子精神、勤俭节约等。

雷锋精神就狭义而言，是对雷锋的言行和事迹所表现出来的先进思想、道德观念和崇高品质的理论概括和总结；就广义而言，已升华为以雷锋的名字命名的，以雷锋的崇高品质为基本内涵的，在实践中不断丰富和发展着的，为人们所敬仰和追求的精神文化。雷锋精神体现了一种"向上"的人生姿态。雷锋心中有爱：爱国、爱党、爱人民，心里永远装着别人，全心全意无私奉献。纵观雷锋短暂的一生，他始终具有一种积极主动的生活态度，对新中国、新生活充满无限热爱和美好向往，始终以饱满的热情和充足的干劲投入到工作、学习之中去。

设计意图：通过雷锋故事和雷锋日记，让学生从不同的角度理解雷锋高尚的精神世界。通过小组讨论和集体总结，让学生认识到雷锋精神具有重大现实意义和深远历史意义，具有鲜明的历史转型时期的导向价值。

第三环节：传承雷锋精神

活动1：雷锋战友传承雷锋精神。班主任播放电影《离开雷锋的日子》片段，展示雷锋的战友乔安山因无意造成雷锋牺牲而愧疚数十年，决心以实际行动传承雷锋精神。学生发表观点，畅谈个人感受。

活动2：志愿者传承雷锋精神。在新冠疫情期间，全国各地涌现出大量的好人好事，班长展示各小组上传到学习平台的图片，并进行解说，体现新时代雷锋精神的传承，让学生感悟雷锋精神的时代内涵。

设计意图：在新时代，雷锋精神在保持"钉子"精神、"螺丝钉"精神的基础上其内涵更加丰富起来。新时代赋予雷锋精神新的内涵，我们中职生要争做新时代的"雷锋"，将雷锋精神传递到世界各处。

活动3：我们传承雷锋精神。班主任提问：习近平总书记曾指出，"雷锋精神，人人可学；奉献爱心，处处可为。积小善为大善，善莫大焉。当有人需要帮助时，大家搭把手、出份力，社会将变得更加美好"。作为新时代的中职生，我们应该如何传承雷锋精神？学生小组讨论后，由小组代表发表观点。

分享观点：

积极参加志愿者服务活动。利用节假日深入社区，发挥专业特长，提供便民服务，关爱社区老人，义务测量血压，普及养生常识。组织班级里的文艺骨干定期到敬老院进行文艺会演、卫生清洁、种植花木，关爱孤寡老人，为他们的生活增添乐趣与活力。

把做好事作为事业来坚守。坚持从小事做起，从点滴做起，将学雷锋融入自己学习生活的方方面面，平时遇到需要帮助的人，立即伸出援助之手，哪怕是一个微笑、一声问候，都坚持做好、做到位，把雷锋精神植入心中，将爱与温暖传遍神州大地，成为雷锋式的"好人"。

活动4：我们歌颂雷锋精神。最后邀请班级内两位学生进行诗朗诵《永远的二十二岁》，在优美的诗歌朗诵中唱响雷锋精神的赞歌，升华班会主题。

结束语：

伟大的事业需要伟大的精神，伟大的精神托举伟大的梦想。"雷锋是时代的楷模"，他短暂的一生却为我们树立起了一座令人敬仰的道德丰碑。他一心向党，向着社会主义；他服务人民，立志做一个对人民有用的人；他甘当"螺丝钉"，在平凡的岗位上兢兢业业。雷锋身上所具有的理想信念、道德情怀、进取之心、忘我精神，正是我们民族精神的最好写照。奋斗新时代，奋斗新征程。让我们以雷锋为我们学习的榜样，弘扬雷锋精神，自觉服务党和国家的大局，以实际行动书写新时代的雷锋故事。

拓展延伸：

组织学生周末观看完整版电影《雷锋》和《离开雷锋的日子》，深入、全面地了解雷锋的感人事迹，体会雷锋对身边战友的正向影响，激励学生积极地投身到雷锋精神的传承与实践中，传递社会正能量。

教育反思

本次主题班会目的在于重温"雷锋精神"的精神实质，同时在新时代又赋予其新的内涵和延伸。每个民族都有自己的民族自豪感，有自己引以为荣的精神传承，雷锋精神是新中国成立以后我们中华民族近代广为传承和弘扬的甘于奉献、舍己为人的民族精神中的一个组成部分。习近平总书记指出，雷锋是时代的楷模，雷锋精神是永恒的。本次班会通过认识——感悟——传承的递进，引导既要学习雷锋的精神，也要学习雷锋的做法，把崇高理想信念和道德品质追求转化为具体行动，体现在平凡的学习生活中，做出自己应有的贡献，把雷锋精神代代传承下去。

附：

永远的二十二岁——雷锋精神赞

李朝宏

有一种精神

五千年进化

五千年沉淀

五千年兼收并蓄

五千年优胜劣汰

在二十世纪中叶

在盛产文明的国度

被一位高个子领袖

挥毫命名在

一矮个子士兵名下

熠熠生辉

一种晶莹剔透的精神

质地很像那士兵的心

拾螺丝钉的姿势

缝补袜子的姿势

搀扶老大娘的姿势

如不经着意的水墨画

淡薄得华贵

朴素得富丽

让不同层次的人们

乃至高傲的异族

纷纷信奉

春天温暖

夏天火热

并让孱弱的生命

多一份仰仗感

并让健康的躯体

多一份责任心

永远二十二岁的精神

灿若士兵那有限的年华

给灾区捐款的故事

给战友家寄钱的故事

给素昧平生的大嫂补票的故事

像母亲的童话

通俗而高雅

平凡而伟大

使不同的时代

纪念同一个微笑

使同一个微笑

匡正不同的时代

并使中国的太阳

多一轮光环

并使东方文明

骄傲于人类精神的殿堂

第十六课　拥抱春天，播种绿色

——3月12日植树节

节日简介

植树节

图16–1

　　中华民族自古以来就有爱树、植树、护树的优良传统，但植树节一开始并没有成为固定的节日。中国的植树节最初是由凌道扬和韩安、裴义理等林学家在1915年提出倡议并设立的，将时间确定在每年的清明节。1928年，"中华民国"国民政府为纪念孙中山先生逝世三周年，将植树节改为了3月12日。新中国成立后，1979年，在邓小平同志提议下，第五届全国人大常委会第六次会议决定把每年3月12日定为我国的植树节。1982年植树节，邓小平同志在参加植树活动时说道："植树造林要坚持一百年，一千年，世世代代坚持下去。"这些年来，祖国的林业建设不断加快，我们坚信"绿水青山，就是金山银山"，植树造林，保护生态环境是我们义不容辞的责任。2020年，我们国家还修订了《中华人民共和国森林法》，明确每年3月12日为植树节。

教育构思

教育背景：

习近平总书记指出，生态文明建设是关系中华民族永续发展的根本大计。目前陆地上动植物的多样性非常可观，但是随着人类对森林的破坏，导致现在物种灭绝速度比原本的基础速度高出数千倍。同时，过度砍伐树木导致森林生态系统的服务功能受到损伤，导致两极的冰川加速融化，全球变暖加剧，给我们的生活造成了很大的影响。如果再这样下去，生态系统也会渐渐失去平衡。全民植树是推进国土绿化的有效途径，也是传播生态文明理念的重要载体。植树造林、保护森林，是每一位公民应尽的义务。作为新一代的中职生，我们更要以身作则，奉献绵薄之力，为环境改变做出自己的贡献。

班情分析：

授课对象为中职建筑装饰专业一年级学生。专业课程设置中包含建筑装饰、施工设计等相关专业知识，此班会内容与学生所学专业有一定联系，能够加强学生的环保意识，在一定程度上提升学生的专业素养。经调查发现，班级内大多数学生对植树节的由来、发展以及意义了解不清，对当今中国的生态环境问题的了解不主动、不全面、不准确，亟待提高爱护公共绿化意识，增强社会责任感。

教育目标：

认知目标：了解植树节的由来及发展，熟悉植树节的相关知识。

情感目标：认识到植树造林对生态发展的重要性，增强绿化意识和环保意识。

行为目标：努力营造爱绿、植绿、护绿的美好环境，倡导为和谐社会增添绿色的文明风尚，共同建设人与自然和谐共生的美丽家园。

教育方法：

情境导入法、小组讨论法、组间辩论法、知识竞赛法、榜样示范法。

设计意图：本次班会设计从学生的思想和行为实际出发，以传统由来、现状分析、亲知力行为依托，依次设计了"通古识今——分享认识""与时俱进——提高觉悟""躬身力行——从我做起"三个环环相扣、层层递进的班会环节。过程中穿插富有趣味的学生活动，使学生在活动中潜移默化地认识到植树造林、保护环境、爱护自然的重要性，并落实到日常的实际行动中。

活动准备：

1. 教师准备

（1）准备背景音乐《让我的祖国更绿》。

（2）准备纸箱和环保笔袋小奖品。

（3）剪辑短视频《植树节，让世界更美丽》。

2. 学生准备

（1）从校园中寻找几片自己喜欢的树叶。

（2）搜集有关植树节的资料，做成资料卡用于分享，一组学生负责植树节起源的部分，二组学生负责植树节设立的部分，三组学生负责植树节发展的部分。

（3）每个小组学生准备五道关于植树节的知识竞赛题。

（4）每个小组学生搜集一则名人植树故事。

教育过程

暖场活动：拓印树叶

活动规则：班主任播放歌曲《让我的祖国更绿》，在优美的背景音乐中，学生将挑选的树叶以背面朝上的方式平铺到桌面上。将准备好的白纸平覆在树叶上面压好，用铅笔或彩色蜡笔在白纸上面横涂，涂画时铅笔尽量与白纸平行，不要戳破纸。涂满整个叶子，叶子的轮廓就出现了。各小组分享拓印的树叶作品，在享受自然的氛围中引入本次班会的主题——拥抱春天，播种绿色。

第一环节：通古识今——分享认识

活动1：串联来历，寻迹脚印。植树节从古代发源、近代设立到现代发展，可谓时间悠久，分别由三个小组的学生代表按照时间线上台分享。

分享内容：

一组：植树活动的最早起源。

中国历史上最早在路旁植树是西魏名将韦孝宽在陕西首创的。据唐李延寿《北史·列传》，公元552年，韦孝宽因军功被任命为雍州刺史。他上任后发现，官道上作为里程碑设置的土台，经风吹日晒和雨水冲刷后，很容易垮塌，需要经常进行维修，不但增加了国家的开支，也使百姓遭受劳役之苦。他毅然下令，将雍州境内所有官道上设置土台的地方一律改种一棵槐树。这样一来，不仅不失其标记和计程作用，还能为往来行人遮风挡雨，并且不需要修补。他的做法无疑是造福桑梓、减轻家乡百姓负担、利国利民的重大举措。

二组：植树节的先驱倡导。

孙中山是中国近代史上最早意识到森林的重要意义和倡导植树造林的人。早在1893年，孙中山先生就亲自起草了著名的政治文献《上李鸿章书》，指出中国欲强大，必须"急兴农学，讲究树艺"。孙中山先生就任中华民国临时大总统后，设立了农林部，下设山林司，主管全国林业行政事务，规划造林护林。1915年7月，在孙中山的倡议下，北洋政府颁布了法令，规定以每年清明节为植树节，举行植树节典礼并植树。这是中国历史上的第一个植树节。1928年，国民政府为纪念孙中山逝世三周年，将植树节改为3月12日。

三组：植树节的现代发展。

1956年，毛泽东主席发出了"绿化祖国""实现大地园林化"的号召，中国开始了"12年绿化运动"，即在一切可能的地方，均要按规格种起树来，实行绿化。1979年2月，在邓小平提议下，第五届全国人大常委会第六次会议决定，将每年的3月12日定为植树节。1981年12月，第五届全国人大四次会议通过了《关于开展全民义务植树运动的决议》，这是新中国成立以来国家最高权力机关对绿化祖国做出的第一个重大决议。从此，全民义务植树运动作为一项法律开始在全国实施。据联合国统计，目前世界上已有50多个国家设立了植树节。

设计意图：通过课前收集资料的方式，让学生自主了解植树节的相关知识，按照时间线索，以卡片投影的方式进行展示，使分享活动更加具有趣味性，还能使学生在此过程中加强合作与分享。

活动2：知识抢答，竞技促学。开展以"为世界添一抹绿"为主题的知识竞赛。班主任收集各小组课前准备的题目，放入纸箱中摇匀，随机抽题，小组抢答，统分员进行统计，决出一、二、三等奖并颁发奖品。

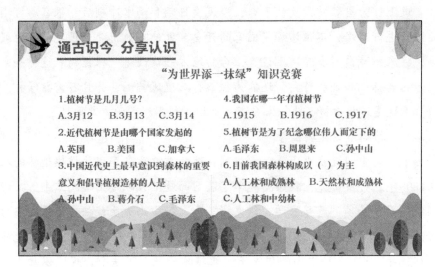

图16-2

设计意图：抽取课前各小组准备的题目作为竞赛题，在无形之中学生已经了解了有关植树节的小知识，增加了自己的知识储备，在这个过程中也树立了组内合作与组间竞争的观念。

第二环节：与时俱进——提高觉悟

活动1：群英荟萃，巧辨雌雄。我国幅员辽阔，虽然国土绿化面积逐年增长，但是形势依然严峻，多植树势在必行。与此同时，很多地方为了发展经济，不惜砍伐树木来新建或拓宽道路，到底要路还是要树？为此将学生分为正方、反方，举办辩论赛活动。

活动内容：

讲述背景：南方某一城市，因城市道路发展的需要，砍掉了生长几十年的大树，从而引发了一场"要路还是要树"的讨论，由此引出话题。

组内交流：从"要路还是要树"出发，根据本次班会活动，发表自己的见解，说明自己的理由。

组织辩论：根据学生的不同观点，让学生自由组合进行辩论，充分发表自己的见解，形成交流的高潮。

全班讨论：教师提供有关城市建设与环保的图文资料，引导学生认识路与树都重要。那怎样解决这个问题呢？组织学生讨论交流，讨论方法的可行性，提出解决方案。

设计意图：通过辩论活动，学生了解到发展经济并不一定要以破坏环境为代价，树立"绿水青山就是金山银山"的科学理念，在辩论赛中要指导学生认真听取别人发言，大胆、清楚地陈述自己的见解。

活动2：植绿传承，代代相传。植树造林是我国自古以来的优良传统，既能美化环境，又能惠荫子孙，是一举两得的大好事。放眼历史长河，不难发现，有许多历史名人都很重视这一造福于民的事业，并躬亲实践，一时间传为美谈。请四个小组的学生代表分享他们收集的植树故事。

分享内容：

一组分享：孔子手植古柏。

安阳市殷都区曲沟镇洪岩村内有两棵千年古柏，都是刺柏、侧柏、香柏三株同生，堪称中国乃至世界一绝。据《中国民俗志·安阳县卷》载：洪岩古柏为孔子手植。时圣人游学至曲沟，闻洪岩种作有道，禾绿中原，仓廪充盈，即前去探考，得陈庄主款待数日，临行前植柏留念。洪岩村村民围绕古柏修建了平台、凉亭和护栏，把这里打造成了一处人文传说与古树名胜交相辉映的文化公园。这不仅仅是对古树的保护，还体现了村民对古树文化的深刻理解和美好传承。

二组分享：柳宗元种柳成荫。

唐代人柳宗元不仅诗文脍炙人口，植树也堪称能手。他被唐宪宗贬为柳州刺史，到任后十分注重市容美化，城郭道巷处处种树栽草，并以诗文记咏："手持黄柑二百株，春来新叶遍城隅。"他还带领百姓在柳江边及城周围广植柳树，并在诗中不无幽默地写道："柳州柳刺史，种柳柳江边。"数年后，柳州到处绿柳成荫，风光无限，受到百姓称赞。"植木之性，其木欲舒，其培欲平，其土欲故，其筑欲密"，是这位柳刺史总结的植树四要领，至今仍有实用价值。

三组分享：苏东坡植树美谈。

宋代文学家苏东坡年少时就喜欢种松树，他在《戏作种松》中写道："我昔少年时，种松满东冈。初移一寸根，琐细如插秧。"他两任杭州知府，都曾在西湖筑堤种芙蓉、杨柳等，"苏堤春晓"更是成为后来西湖十景之一。他在谪居黄州时，于城外得了数十亩荒芜的坡地，荷锄开荒种树，累得"筋子殆尽"也不怨，亲手种植垂柳、青松、黄桑、绿竹等树木，"不令寸土闲"，使原来杂草丛生、瓦砾遍地的东坡，成了绿树成行、鸟语花香的胜地，传为千古美谈。

四组分享：习近平总书记连续九年义务植树。

党的十八大以来，习近平总书记每年都会身体力行，拿起铁锹带头参加义务植树活动，以身作则在全社会宣传绿色发展理念。2021年4月2日上午，习近平总书记在参加首都义务植树活动时强调，每年义务植树，就是要倡导人人爱绿植绿护绿的文明风尚，让大家都树立起植树造林、绿化祖国的责任意识，形成全社会的自觉行动，共同建设人与自然和谐共生的美丽家园。

设计意图：通过分享名人的植树故事，让学生了解我国植树造林、美化环境的优良传统，让学生以古今名人为榜样，学习他们为绿化、为环保、为世界做贡献的优秀品质，培养学生的环保意识。

第三环节：躬身力行——从我做起

活动1：争做护绿使者。习近平总书记强调，美丽中国建设离不开每一个人的努力，要深入开展好全民义务植树，坚持全国动员、全民动手、全社会共同参与。学生小组讨论如何才能身体力行地参与到爱绿护绿行动中，请学生代表分享可行方案。

分享内容：

学生1：我为班级添绿。在班级规划出一个角落，发动班级同学从家里带小绿植，为班级增添些许绿色和生机，并由全班同学负责养护。

学生2：我为学校护绿。倡导同学们爱护学校的花草树木，不随意踩踏草地，不随意攀折花树，不损毁绿化设施，坚决抵制破坏绿化的行为。

学生3：我为社会爱绿。积极参加中国网络植树节公益活动，通过力所能及的方式在活动网站上捐植一棵树、一片林，为祖国绿化行动出一份力。

活动2：发出植树倡议。观看短视频《植树节，让世界更美丽》，文艺委员组织全班学生齐诵植树倡议，并录制短视频，课后上传到网络平台。

图16-3

设计意图：通过爱绿护绿的分享活动，激发学生的绿化意识，提高其保护环境的主动性；通过录制倡议视频，更好地宣传植树活动，传播和推广爱绿护绿的生态理念。

结束语：

春和景明，万物萌动，又是一年植树之时。绿意充满视野，是我们心底里对诗意栖居的真诚期盼。在孕育希望的春天里，种下一棵棵绿色的种子，建设青山绿水生态家园，期待祖国大地满目良田绿洲。"合抱之木，生于毫末"，国土绿化任重而道远，希望我们抓住植树节这个契机，让"绿水青山就是金山银山"的发展理念成为我们每个人的自觉行动，让我们一同拥抱春天，种下一片绿意，收获生命希望！

拓展延伸：

以小组为单位参加学校团委组织的义务植树活动，每个小组要在校园内植下一棵树，并在小树上悬挂植树者的信息。在未来的两年时间里，小组学生将作为护绿使者关注这棵小树的成长，毕业时小组学生与小树合影，寓意"我和小树共同成长成材"。

教育反思

本节课通过学生拓印树叶、知识竞赛等互动形式，调动学生积极性，让学生主动参与到课堂活动中来，点面结合，效果不错。但是在辩论赛的辩论过程中，可以看出学生的思路比较单一，语言组织能力还有待加强，论据应多联系实际，以达到更好的效果。一节课的信息量是有限的，但班会课的魅力不在于此。学生在课堂上所受的影响可以突破下课铃声的界限，课后学生更加努力地去搜集有关植树、绿色环保的知识，用实际行动向更多人宣传环保知识，这也是本次班会结出的美好果实。

第十七课　生命之源，珍爱点滴

——3月22日世界水日

世界水日

图17-1

　　水资源是一切生命赖以存在和发展的基础，也是社会经济发展不可替代的重要自然资源。但是，随着全球社会的人口增长、工农业现代化的飞速发展，再加上水质污染、水环境的不断恶化以及水资源本身的短缺，全球性的水危机日益严重，并且严重影响到社会经济的发展以及人类的生存。为了更好地满足人们对水资源的需求，尽快解决水资源危机问题，唤起公众水资源保护意识，推动水资源的综合利用与管理，1993年1月18日，第四十七届联合国大会做出决议，确定每年的3月22日为"世界水日"（World Day for Water或World water day）。

教育构思

教育背景：

2011年，《中共中央、国务院关于加快水利改革发展的决定》明确要求，把水情教育纳入国民素质教育体系和中小学教育课程体系。2012年出台的《国务院关于实行最严格水资源管理制度的意见》强调，要广泛深入开展基本水情宣传教育，形成节约用水、合理用水的良好风尚。2015年，《水利部、中宣部、教育部、共青团中央关于印发全国水情教育规划（2015—2020年）的通知》提到，引导公众不断加深对我国水情的认知，增强公众水安全、水忧患、水道德意识，为构建"人人参与、人人受益"的全民水情教育体系，促进形成全民知水、节水、护水、亲水的良好社会风尚和人水和谐的社会秩序打下坚实基础。

班情分析：

授课对象为中职茶叶生产与加工专业一年级学生，班级中男女比例为1∶4，女生大多爱清洁，生活中用水较多，也容易发生水资源的浪费。另外，学习茶艺的学生在日常专业训练中用水也较多。通过和学生的交流，发现许多学生节约用水意识欠缺，环境保护意识薄弱，不知道水资源的短缺现状以及保护水资源的重要性。以世界水日为契机召开主题班会，引导学生了解水资源的重要作用，培养学生的节水意识，提升资源保护的责任感，在生活中切实做到节约用水和减少浪费。

教育目标：

认知目标：了解世界水日的由来，了解世界水资源的基本情况，了解中国水资源的短缺现状。

情感目标：感悟中国在水资源资源保护、水周边科技发展等方面的作为，营造节约水、保护水、爱护水的良好氛围。

行为目标：掌握日常节水的方法，养成节水护水的习惯，培养保护水资源的意识。

教育方法：

比拼竞争法、知识讲授法、小组讨论法、情感熏陶法、实践调查法。

设计意图：本次班会以习近平总书记"节水优先、空间均衡、系统治理、两手发力"的新时期治水方针为指引，核心内容是引导学生知水、节水、护水、亲水。通过多种形式的教育手段，增进学生对水情的认知，增强学生水安全、水忧患、水道德意识，提高学生参与水资源节约保护的能力，促进形成人水和谐的社会秩序。

活动准备：

1. 教师准备

（1）准备12瓶矿泉水以备暖场活动使用。

（2）下载短视频《地球水资源现状》。

（3）下载短视频《小水滴也有大情怀》。

2. 学生准备

（1）一组学生搜集世界水日的相关资料，二组学生搜集我国的水情及特点，三组学生搜集我国水政策法规的情况，四组学生搜集习近平总书记关于节水护水国策的论述。

（2）排演小品《节俭的大爷》。

（3）学唱歌曲《节水中国》。

教育过程

暖场活动：群龙取水

活动规则：在教室地面画一条黄线，在距离黄线2米处等距离放置一排矿泉水。不能踩黄线，不能触碰黄线至矿泉水之间的区域，不能弄倒矿泉水瓶，每个人只能拿一瓶水，在规定时间内拿到矿泉水最多的小组获胜。各小组必须通过协作互助才能取到水，让学生认识到团结的力量可以突破个人极限。

第一环节：知水懂水我应知

活动1：了解世界水日。一组学生分享世界水日设立的背景和目的，明确节日设立的目的是为了解决因水资源需求上升而引起的全球性水危机，节日设立的意义是唤起公众的节水意识、加强水资源保护。

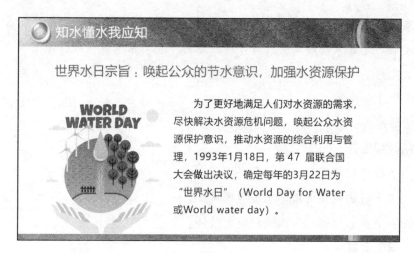

图17-2

分享内容：

水是一切生命赖以生存、社会经济发展不可缺少和不可替代的重要自然资源和环境要素。但是，现代社会的人口增长、工农业生产活动和城市化的急剧发展，对有限的水资源及水环境产生了巨大的冲击。在全球范围内，水质的污染、需水量的迅速增加以及部门间竞争性开发所导致的不合理利用，使水资源进一步短缺，水环境不断恶化，严重地影响了社会经济的发展，威胁着人类的生存。

为了唤起公众的水意识，建立一种更为全面的水资源可持续利用的体制和相应的运行机制，1993年1月18日，第47届联合国大会根据联合国环境与发展大会制定的《21世纪行动议程》中提出的建议，通过了第193号决议，确定自1993年起，将每年的3月22日定为"世界水日"，以推动对水资源进行综合性统筹规划和管理，加强水资源保护，解决日益严峻的缺水问题。同时，通过开展广泛的宣传教育活动，增强公众保护水资源的意识。

活动2：了解世界水资源状况。班主任播放短视频《地球水资源现状》，通过科学翔实的数据，让学生直观了解地球水资源可用量少之又少。

分享内容：

地球表面约71%被水覆盖着，其中有97.5%的水是咸水，包括海水和其他咸水，淡水仅占2.5%。淡水又分为三大类，其中冰川和冰盖占68.7%，地下水占30.1%，地表水和其他水资源仅占1.2%。这1.2%的地表水和其他水资源又分为七类，其中地下冰和永久冻土占69%，湖水占20.9%，土壤水占3.8%，沼泽水占2.6%，生物水占0.26%，大气水占3%，河流水和人类主要用水仅占0.44%。也就是说地球上仅有0.26%的水可以用。

你不知道的那些事——当今世界，每三人中就有一人无法获得安全饮用水。具有气候变化抵御能力的供水和卫生设施每年可拯救超过36万婴儿的生命。如果将全球变暖幅度限制在比工业化前温度高1.5℃的水平，我们就可将气候引发的水资源压力降低50%。到2040年，预计全球能源和水资源需求将分别增长25%和50%以上。到2050年，生活在一年中至少有一个月面临严重缺水问题地区的人口可高达57亿人。

活动3：了解中国水资源状况。二组学生分享中国水情的简要情况，让学生了解我国水资源面临的严峻现状，增进学生对我国基本水情的认知。

图17-3

分享内容：

我国人均淡水资源仅为世界人均淡水量的1/4，是全世界13个贫水国家之一。我国缺水城市达300多个，其中严重缺水城市100多个。目前我国水资源面临四大水情问题，主要表现为：

1. 水资源严重短缺

中国的水资源基本状况是人多水少、水资源时空分布不均匀，南多北少，沿海多内地少，山地多平原少，耕地面积占全国64.6%的长江以北地区仅为

20%，近31%的国土是干旱区。

2. 水资源污染严重

改革开放初期只注重发展速度、忽视环境影响的粗放型发展模式，使水资源遭受严重污染：流经城市河段普遍受到污染，三江（辽河、海河、淮河）和三湖（太湖、滇池和巢湖）均受到严重污染。

3. 水资源的重复循环利用率偏低

工业生产用水效率低，导致成本偏高，产值效益不佳，单方水的GDP产出为世界平均水平的1/3。全国大多数城市工业用水浪费严重，平均重复利用率只有30%～40%，无法与先进国家相比。

4. 水资源的管理宣传工作不到位

长期以来，水资源短缺现状的宣传教育力度不够，科学有效使用水资源的引导和督察不到位，工农业和生活用水管理处于缺失状态，民众节水意识淡薄，各行各业用水浪费现象普遍存在。

设计意图：通过世界水日的相关情况介绍，让学生认识到节水是世界共识。通过世界水资源的基本分布和中国水情的现状介绍，让学生认识到世界水资源的匮乏，增进对我国基本水情的认知，感受中国水情面临的严峻形势。

第二环节：亲水惜水我有责

活动1：了解中国水政策和水法规。三组学生分享中国水政策和水法规的简要情况，让学生了解我国实施水治理、强化水管理、构建水安全保障体系的战略目标，并了解自身在节水行为中的权利、责任和义务。

分享内容：

近年来，我国出台了一系列与水环境治理相关的法律法规和政策，"打好碧水保卫战"作为落实"生态文明建设"等"五位一体"总体布局、赢得"污染防治攻坚战""建设美丽中国"重点规划的任务，被提升至历史性的战略高度，对水环境治理行业的发展起到了良好的指导与促进作用。

其中重要的法律法规包括：《中华人民共和国可再生能源法》《中华人民共和国水土保持法》《中华人民共和国水法》《中华人民共和国防洪法》《中华人民共和国水污染防治法》《中华人民共和国长江保护法》。里面很多内容与公民个体息息相关，例如《中华人民共和国水法》第八条：国家厉行节约用水，大力推行节约用水措施……单位和个人有节约用水的义务。第二十八条：

任何单位和个人引水、截（蓄）水、排水，不得损害公共利益和他人的合法权益。

活动2：了解中国水资源治理成果。四组学生分享习近平总书记关于节水护水国策的论述，让学生感悟中国在水治理和水管理方面的大国决策。

分享内容：

水运连着国运。习近平总书记说："在我们五千多年中华文明史中，一些地方几度繁华、几度衰落。历史上很多兴和衰都是连着发生的。要想国泰民安、岁稔年丰，必须善于治水。"

2002年，《南水北调工程总体规划》出炉，"四横三纵、南北调配、东西互济"的水资源配置格局落地。习近平总书记分析道："这一格局是中华民族的世纪创举。"2002年东线、中线一期工程开工建设，主体工程分别于2013年、2014年建成通水。南水北调，缓解了北"渴"。从"极度紧缺"到"紧平衡"，北方水资源安全却依然容不得喘口气。节水，拧紧水龙头的事，是个等不得、拖不了的当务之急。一路走来，习近平总书记反复强调："节水是关键，调水是补充。不能一边调水一边浪费，更不能无节制用水。"

"加快构建国家水网主骨架和大动脉"提上了日程，相关任务写入"十四五"规划纲要。习近平总书记感慨："水网建设起来，会是中华民族在治水历程中又一个世纪画卷，会载入千秋史册。"世界最大输水渡槽、首次隧洞穿越黄河、世界最大规模现代化泵站群……数十万建设者矢志奋斗，攻克一个个世界级难题，书写了"集中力量办大事"的生动实践。一截截垒砌，一寸寸夯实，一泓泓流淌，一方方润泽。从畅想到落地，再到新的梦想、新的梦圆……治水历程，伴随着中华民族伟大复兴的漫漫征程。

设计意图：通过分享中国水情的政策、法规，让学生明确珍惜水、爱护水是每一个人应尽的责任和义务。通过国家水科技的创新与发展，让学生清楚地认识到，必须更加科学地利用每一滴水，不辜负习近平总书记的嘱托："调水和节水这两手要同时抓。"

第三环节：节水护水我先行

活动1：赏小品享观点。欣赏学生课前排演的小品《节俭的大爷》，班主任提出问题：小品中大爷的哪些节水妙招值得我们学习？你们还能想到哪些节水小窍门？各小组讨论，派小组代表分享观点。

分享内容：

生活节水小妙招：

（1）冲洗衣服时，可以加入少量肥皂粉，因为洗衣粉遇到肥皂粉会减少很多泡沫，既省水又节约清洗时间。

（2）沾了油的锅和盘子要先用用过的餐巾纸擦干净，洗起来既节水省时，又可少用洗涤剂，减少水污染。

（3）洗手、洗澡、洗衣、洗菜的水和较干净的洗碗水，都可以收集起来洗抹布、擦地板、冲马桶。

（4）淘米水是很好的去污剂，可以留下来洗碗或者浇花。煮过面条的水用来洗碗筷，去油又节水。养鱼的水浇花，能促进花生长。

活动2：观视频强信念。班主任播放全国节约用水办公室、水利部宣传教育中心发布的国家节水行动视频《小水滴也有大情怀》，号召学生节约用水，从现在做起，从自身做起，从每一滴水开始。

分享内容：

一滴水只有0.05克，每天都在你的指尖悄悄流过。一滴水微不足道，但是每人每天节约一滴，14亿人一年365天，汇聚起来就是两万六千吨，可以让四万七千人足足喝上一年，这是14亿人的力量，这是你每天都能做的小事情，这是365天的坚持，这是汇聚的力量。聚沙可成塔，聚滴可成河。每人节约一滴水，每天节约一滴水，将涓滴之力汇聚成磅礴伟力。

活动3：唱歌曲表决心。班主任播放全国节水主题歌《节水中国》，这是2021年3月22日在第三十四届"中国水周"期间发布的。全体学生跟唱歌曲，用动听的旋律歌颂生命之源的可贵，用悠扬的歌曲诠释涓滴之爱的美好。

歌词分享：

节水中国

作词：郑在友、刘祖国　作曲：刘禹邦

长江也说，黄河也说，点点滴滴汇成我们奔涌浪波

生命之源，淌在心窝，泼洒出一幅幅壮丽万里江河

昆仑也说，泰山也说，涓涓细流滋养我们绿色蓬勃

生命之源，泽被大地，缤纷出一幕幕精彩崭新生活

节水中国，节水你我，涓滴之爱激荡心灵的清波

水利万物，四季烘托，人类共同的珍爱永不干涸

节水中国，节水你我，涓滴之爱润泽每一个角落

上善若水，天地人和，人间共同唱响美好欢歌

设计意图：通过小品表演、头脑风暴以及合唱歌曲，让学生为实际生活中的节水行动出谋划策，提高学生节水行动的参与度。让学生主动承担节水责任，成为节水大军中的一员，为节水贡献自己的力量！

结束语：

"所谓伊人，在水一方"，水给人类带来了无限遐想与惊喜。水是生命之源，它孕育万物，滋养生命。水涵养文明，推动社会进步。水是工业的血脉，更是城市的命脉。如果没有了水，整个世界都会黯淡无光、停滞不前。而目前，多重因素加剧水资源压力，应对水资源短缺问题迫在眉睫。我们必须行动起来，珍惜每一滴水，节约用水，争做保护水资源的文明使者。

拓展延伸：

请每位同学周末回家后进行一次家庭用水数据调查，内容包括：你家每个月用多少立方米水？你家每个月用水最多的方面是什么？你家每个月用水最少的方面是什么？你家存在哪些浪费水的行为，应该如何改进？你家采用了哪些节约水的措施？如有，请举例。根据以上内容完成《_____家庭用水报告》，在小组内进行交流分享。

教育反思

本次班会以落实《全国水情教育规划》为导向，通过世界水资源的短缺和中国水情的严峻，引起学生对节约水资源的重视。通过中国水政策的颁布和水科技的发展，让学生意识到节约用水、提高用水效率，是国家的一项战略行动，也是我们每一个公民应尽的义务。通过集思广益和表达决心，培养学生节水护水的良好行为习惯和用水态度，号召学生从生活中的点滴着手，全民节水，即刻行动。

第十八课　缅怀先烈，激励自我

——4月5日前后清明节

节日简介

清明节

图18-1

　　清明节，又称踏青节、行清节、三月节、祭祖节等，节期在仲春与暮春之交。清明节源自上古时代的祖先信仰与春祭礼俗，兼具自然与人文两大内涵，既是自然节气点，也是传统节日。扫墓祭祖与踏青郊游是清明节的两大礼俗主题，这两大传统礼俗主题在中国自古传承，至今不辍。扫墓祭祀、缅怀祖先，有利于弘扬孝道亲情、唤醒家族共同记忆，还可促进家族成员乃至民族的凝聚力和认同感，是中华民族自古以来的优良传统。清明节融自然节气与人文风俗为一体，是天时地利人和的合一，充分体现了中华民族先祖们追求"天、地、人"的和谐合一，讲究顺应天时地利、遵循自然规律的思想。2006年5月20日，清明节经国务院批准被列入第一批国家级非物质文化遗产名录。

教育构思

教育背景：

清明节是祭祖和扫墓的日子，是慎终追远、寄托哀思的日子，是中华民族一个重要的传统节日。它有着悠久的历史渊源、深厚的文化内涵和丰富的民俗活动。作为传统节日，清明节承载着人们对故人的缅怀追思；作为春日里的节气，清明又孕育着未来和希望。十八大以来，习近平总书记数次在清明前后缅怀先烈、种植希望，让红色基因的传承在阳春之日焕发勃勃生机。通过缅怀革命先烈，追忆他们的光荣事迹，培育红色基因，弘扬红色精神，让学生在红色精神的激励下，努力学习，全面发展，健康成长。

班情分析：

授课对象为中职建筑工程施工专业一年级学生，他们大多对清明的由来、习俗及意义认知浅薄，缺乏对清明节所蕴含的民族精神和人文内涵的深入理解。同时"00后学生"在父母和社会的呵护下成长，对于先烈所经历的磨难难以感同身受，也难以切身感受红色基因的内涵，需要教师的正确引导，帮助学生认知新时代下的红色基因。

教育目标：

认知目标：了解清明节的来历和习俗，品味清明节文学作品，明确清明节的重要内涵和意义。

情感目标：激发对清明节的浓厚兴趣以及对中华优秀传统文化的探索热情，缅怀革命先烈，弘扬爱国主义精神。

行为目标：主动探索中华优秀传统文化，传承红色基因，让信仰之光照亮前行之路。

教育方法：

情感陶冶法、小组讨论法、自我教育法、榜样示范法。

设计意图： 以习近平总书记"弘扬传统文化""传承红色基因"的观点为指导思想，将清明节的传统文化内涵与中国革命精神相结合，设计了"感知清明历史渊源""体悟清明文化内涵""传承清明红色基因"三大环节，让学生感受清明的文化魅力，感悟革命先烈英勇无畏的精神及热爱祖国、热爱人民的情怀，激励学生从小事做起，传承和发扬传统文化与红色基因，励志勤奋学习、掌握专业技能，为祖国和社会贡献自己的力量。

活动准备：

1. 教师准备

（1）准备12个词语（清明、踏青、秋千、植树、扫墓、英烈、缅怀、铭记、传承、理想、信仰、奋斗）和一个软球。

（2）下载抗击新冠疫情和抗洪救灾公益短片。

2. 学生准备

（1）一组学生负责整理清明节的由来，二组学生负责搜集清明节的习俗，三组和四组学生分别准备一个红色故事。

（2）每个小组排演朗诵一首清明节诗词。

教育过程

暖场活动：抛球接词

活动规则：班主任在大屏幕上展示一些词语，将软球抛给一位学生，该学生从大屏幕的词语中选择一个造句，然后将软球抛给另一组的一位学生，并喊出他的名字，接球的学生再选择一个词语造句，并且要与上一句话有关，如此往复，直到所有的词语均被选用。

第一环节：感知清明历史渊源

活动1：了解清明节的由来。清明节是我国的四大传统节日之一，有着悠久的历史，请一组学生分享清明节的来历。

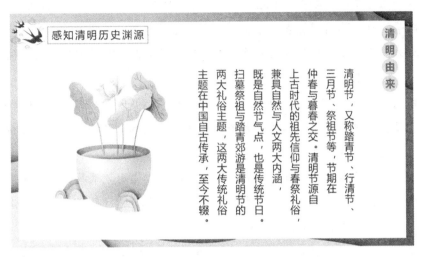

感知清明历史渊源

清明由来

清明节，又称踏青节、行清节、三月节、祭祖节等。节期在仲春与暮春之交。清明节源自上古时代的祖先信仰与春祭礼俗，兼具自然与人文两大内涵，既是自然节气点，也是传统节日。扫墓祭祖与踏青郊游是清明节的两大礼俗主题，这两大传统礼俗主题在中国自古传承，至今不辍。

图18-2

分享内容：

据历史记载，春秋战国时期，晋国公子重耳为逃避迫害而流亡国外，在一处荒无人烟的地方，因多日未进食饿晕了过去。始终跟随重耳的忠臣介子推走到僻静处，从自己腿上割下一块肉给重耳做了一碗肉汤，令重耳很受感动。十九年以后，重耳做了国君，成为晋文公，重赏了陪他流亡的功臣，却唯独忘了介子推。直到有人向他提及，他才派人去请介子推。但介子推不愿与重耳身边的小人共事，便背着老母躲进了深山。晋文公下令烧山，想逼介子推出来，但迟迟未见介子推的身影。火灭后，人们看到介子推母子被烧死在一棵柳树旁，树洞里还有一封写给晋文公的信："割肉奉君尽丹心，但愿主公常清明。"晋文公十分悲痛，下令这一天全国禁烟火、吃寒食，并将此日定为寒食节以示纪念。第二年，晋文公亲率群臣登山祭奠介子推，发现去年烧死的那棵老柳树居然死而复生。晋文公当下便为老柳树赐名"清明柳"，将寒食节的后一天定为清明节。

活动2：熟悉清明节的习俗。清明节是一个非常有中国特色的节日，既有祭扫新坟生离死别的悲酸，又有踏青游玩的欢笑，请二组学生分享清明节习俗。

分享内容：

扫墓祭祖：即为"墓祭"，谓之对祖先的"思时之敬"。祭扫祖先是对先人的缅怀方式，是清明习俗的核心。清明之祭，主要是祭祀祖先，表达祭祀者对先人的思念之情，是礼敬祖先、慎终追远、体现孝道的一种文化传统。

踏青游玩：古时叫探春、寻春等，即为春日郊游。清明时节春回大地，自然界到处呈现一派生机勃勃的景象，正是郊游的好时光。人们乃因利趁便，扫墓之余，一家老少亦可在乡野山间游乐一番。

植树插柳：清明插柳、戴柳本是纪念介子推的一种象征，但在田野踏青和坟茔祭祖的过程中，人们往往会将柳枝往坟头或地上一插，"无心插柳柳成荫"，无意中也植了树。

放风筝：每当清明时节，人们在白天或夜晚都喜欢放风筝。在古代，有的人把风筝放上蓝天后就会剪断牵线，任凭清风把它们送往天涯海角，据说这样能除病消灾，给自己带来好运。

荡秋千：秋千，意即揪着皮绳而迁移。宋代宰相文彦博在《寒食日过龙门》中描写荡秋千："桥边杨柳垂青线，林立秋千挂彩绳。"荡秋千不仅可以强身健体，而且可以培养勇敢精神，至今为人们特别是儿童所喜爱。

蹴鞠：鞠是一种皮球，球皮用皮革做成，球内用毛塞紧。蹴鞠，就是用足去踢球，是古代清明节时北方人喜爱的一种游戏。杜甫在《清明》一诗中曾说："十年蹴鞠将雏远，万里秋千习俗同。"

设计意图：通过分享清明节的由来以及传统习俗，让学生了解清明节不仅有祭扫、缅怀、追思的主题，也有踏青郊游、愉悦身心的主题，在清明节中体会"天人合一"的传统理念。

第二环节：体悟清明文化内涵

活动1：欣赏清明节诗词。清明节是中华民族隆重盛大的祭祖大节，是礼敬祖先、慎终追远的一种传统节日。古代诗人常在清明时节以诗抒怀，追思亲人，请四个小组分别分享课前排演的节目，首先进行诗配乐诵读，然后由另一名学生进行诗词寓意解析，班主任进行总结点评。

总结内容：

清明是农历二十四节气之一，最初是一个重要的农事节气。后来，上巳节、寒食节的祭祀、祭墓等活动汇入清明，从而形成一个复合型节日——清明节。从古诗词中我们能够感受到浓厚的悲伤缅怀之意。清明节的文化内涵是上巳、寒食节日文化的累积，并不断得到丰富和发展，具有深厚的文化意义。

新中国成立后，清明节的祭墓活动由个人、家庭扩展到团体、社会，由祭扫家墓扩展到祭扫革命先烈、英雄人物、仁人志士之墓，由自发的行为变成自觉的行动。清明节的文化内涵得到进一步丰富和发展，成为集亲近自然、敬重生命、感恩父母、缅怀先烈于一体的纪念性节日。

活动2：拓展清明节寓意。在祭奠先人、寄托哀思之时，有些人我们永远不能忘记，那就是为民族独立解放、为国家繁荣富强做出奉献和牺牲的英雄先烈。请三组、四组分别分享一个红色故事，然后小组交流讨论，表达对英烈的缅怀、对历史的敬畏。

分享内容：

三组："砍头不要紧，只要主义真"，这句誓言是无产阶级革命家夏明翰1928年3月在就义前写下的。1928年初，夏明翰告别妻子和刚出生的女儿来到武汉，无惧桂系军阀的大肆搜捕，奔走在各个秘密机关，部署"停止年关暴动"计划。夏明翰被捕后连续受到刑讯，他在被拷打中只是怒斥审判官。被捕两天后，即1928年3月20日的清晨，夏明翰被带到汉口余记里刑场。执行官问他有无遗言，他大喝道："有，给我纸笔来！"接着，他挥笔写下了"砍头不要紧"的就义诗。这一正气凛然的词句，这一热血谱写的革命战歌，激励了无数后来者为之奋斗。

四组：1957年8月，甘祖昌将军被授予少将军衔后不到两年，为了带领乡亲们建设家乡，让老百姓过上富裕幸福的日子，他主动向组织辞去新疆军区后勤部长职务，带着妻子龚全珍，回到家乡江西省莲花县坊楼乡沿背村。1986年3月，这位1927年入党、1928年参加红军的老将军因病逝世，他留给妻子和儿女唯一的遗产是一只铁盒子，里面用红布包着3枚闪亮的勋章，那是1955年他荣获的二级八一勋章、二级独立自由勋章、二级解放勋章。被评为"感动中国"2013年度十大人物之一。

设计意图：通过清明文化诗词的分享，让学生感受清明节蕴含的文化底蕴，感悟清明节缅怀先人的主题中心，并由此过渡到缅怀先烈的主题。通过重温夏明翰、甘祖昌故事，让学生感受革命先烈和共产党员的爱国情怀，产生敬佩之情，体会革命先烈的钢铁意志，激励学生传承红色精神。

第三环节：传承清明红色基因

活动1：感悟新时代的红色基因。告别那个战火纷飞的年代，中国已迈入幸福的新时代。但是我们经历了一个多灾多难的2020年，从抗击新冠肺炎的医护人员到抢险救灾的抗洪战士，当人民的生命和财产受到威胁时，一批批具有革命精神的当代英雄不断涌现。学生观看抗击新冠疫情和抗洪救灾公益短片。

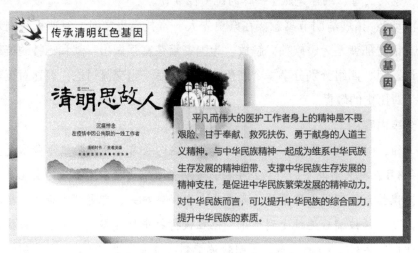

图18-3

活动2：畅谈新时代的红色基因。过去，全国各族人民在中国共产党的领导下，凭着革命精神，打败了国内外的强大敌人，战胜了各种难以想象的困难，赢得了最终胜利。现在，我们步入了新时代，虽然远离了硝烟战火，但革命精神永不消退。班主任提问：你们理解的新时代下的红色基因是什么呢？学生小组思考、讨论、畅谈感受。

活动3：传承新时代的红色基因。慎终追远，以明今日之事。今天，中华民族翻过民族危亡的一页，走过"一穷二白"的一段，进入风起云涌的新时代，我们比任何时候都需要信仰的感召凝聚共识，需要团结的力量攻坚克难。班主任提问：作为新时代的青少年，我们应该如何传承红色基因？学生交流讨论，表达观点。

总结内容：

十六字口诀："志存高远、德才并重、情理兼修、勇于开拓。"

具体做法：勤奋学习，苦练技能，时刻准备着为祖国、为社会、为人民贡献自己的力量。

设计意图：通过畅谈新时代下的红色基因，让学生知道今天的幸福生活也离不开时代英模的无私奉献，让学生了解到，不畏艰难、坚韧不拔为祖国和人民鞠躬尽瘁的献身精神，就是红色基因。通过思考、讨论、总结，使学生明白，红色基因可以激励自我奋勇前进，为学生指明努力的方向。

结束语：

"青山处处埋忠骨，烈士忠魂贯苍穹。"在漫漫历史长河中，总有无数革命英雄挺身而出，甘愿用热血和生命，推动中华民族独立、解放、复兴。现如今的岁月静好，离不开烈士们的拼死守护；无数英雄的奉献才换得今日山河无恙，家国安宁。如今的中国，如今的生活，多希望先烈们能看到！山川无言，日月无声，历史不会忘记，我们，永远记住你！清明节，让我们肃立，向所有至忠至诚的英魂致哀，向所有至善至勇的英烈致敬！

拓展延伸：

在班级内举行"缅怀先烈，传承文明"手抄报大赛，评选出优秀作品张贴在学校宣传栏，激励更多师生在缅怀先烈中认知传统、继承传统、敬怀先人、懂得感恩，回报社会。

教育反思

本次班会以"让信仰之火熊熊不息，让红色基因融入血脉，让红色精神激发力量"为目标，从清明节的起源、习俗、诗词角度入手，让学生认识到清明节所蕴含的缅怀、铭记、敬畏之意。然后从缅怀先人过渡到缅怀先烈，通过爱国志士的感人事迹，让学生认识到实现中华民族伟大复兴的"黄金时代"，是对先烈最好的告慰。通过一系列环环相扣的教育活动，缅怀先烈、致敬英模，感受红色基因的力量。同时通过学生的思考讨论、感悟分享、小组汇报等活动，充分调动全班学生参与的积极性，强化本次班会的教育意义。

附：清明诗词

清 明

唐　杜 牧

清明时节雨纷纷，路上行人欲断魂。

借问酒家何处有？牧童遥指杏花村。

清明即事

唐 孟浩然

帝里重清明，人心自愁思。

车声上路合，柳色东城翠。

花落草齐生，莺飞蝶双戏。

空堂坐相忆，酌茗聊代醉。

清 明

宋 黄庭坚

佳节清明桃李笑，野田荒冢只生愁。

雷惊天地龙蛇蛰，雨足郊原草木柔。

人乞祭余骄妾妇，士甘焚死不公侯。

贤愚千载知谁是，满眼蓬蒿共一丘。

清明日对酒

宋 高翥

南北山头多墓田，清明祭扫各纷然。

纸灰飞作白蝴蝶，泪血染成红杜鹃。

日落狐狸眠冢上，夜归儿女笑灯前。

人生有酒须当醉，一滴何曾到九泉。

第十九课 畅游书海，浸润书香

——4月23日世界读书日

节日简介

世界读书日

图19-1

"书籍是人类进步的阶梯"，读书则是了解人生和获取知识的重要手段和最佳途径。读书是学习，读书是充实自身，读书是体味文化，读书是回顾历史，读书是精神的旅行，读书是思想的驰骋，读书是与前人会心的交流，读书是自我灵魂的感悟。1972年，联合国教科文组织向全世界发出了"走向阅读社会"的号召，要求社会成员人人读书，让读书成为人们日常生活中不可或缺的部分。1995年，联合国教科文组织宣布4月23日为"世界读书日"，希望散居在世界各地的人，无论是年老还是年轻，无论是贫穷还是富裕，无论是患病还是健康，都能享受阅读的乐趣，都能尊重和感谢为人类文明做出过巨大贡献的文学、文化、科学、思想大师们，都能保护知识产权。

教育构思

教育背景：

为了实施以"倡导全民读书，建设阅读社会"为宗旨的"知识工程"，2004年4月23日，中国图书馆学会联合国家图书馆等机构举办了"世界读书日"大型宣传活动。这是我国第一次大规模地介绍这个节日，自此，"世界读书日"在中国被广泛熟知。2021年4月1日，教育部印发《中小学生课外读物进校园管理办法》，提出：中小学校要大力倡导学生爱读书、读好书、善读书，可设立读书节、读书角等，优化校园阅读环境，推动书香校园建设。在信息化飞速发展的读屏时代，加强青少年的阅读意识，培养良好的阅读习惯，营造良好的读书氛围显得尤为重要。

班情分析：

授课对象为中职城市轨道交通与运营专业一年级学生。经过一个多学期的观察，发现班级内部分学生喜欢读书，能够响应老师的号召，利用课外活动和自习课读书，并坚持做读书笔记。但也有学生三天打鱼两天晒网，读书比较随性，不能坚持。还有一部分学生不喜欢读书，甚至在心理上有抵触畏难情绪，需要通过集体教育活动，引导学生把读书这件事持之以恒坚持下去。

教育目标：

认知目标：了解世界读书日的由来和发展，明确为什么要读书，以及如何养成良好的读书习惯。

情感目标：认可读书对个人成长的意义，激发学生的读书热情，建立自觉读书的意识。

行为目标：根据自身实际制订可行的读书计划，树立为实现中国梦而读书的志向。

教育方法：

情感陶冶法、榜样示范法、交流讨论法、自我教育法。

设计意图：本次班会从班级学生的阅读现状出发，设计了"书香扑我面""书香入我心""书香伴我行"三大环节，从中国名人对待读书的态度入手，引发学生对照自身现状加以反思，然后引导学生分别从世界、成人、自身的角度思考读书的意义，最后通过集体研讨归纳读书方法，通过习近平总书记的读书观升华主题。

活动准备：

1. 教师准备

（1）准备20幅成语图片及一摞书签。

（2）整理世界读书日的相关资料。

（3）剪辑电视剧《少年派》片段。

（4）下载视频《习近平总书记谈读书》。

2. 学生准备

（1）在校园内随机采访一些学生对于读书的态度，并剪辑成短视频。

（2）每个小组准备一个中国名人读书的故事。

（3）宣传委员组织裁剪一棵泡沫阅读树的枝干贴在教室宣传栏。

教育过程

暖场活动——看图猜成语

活动规则：班主任展示图片，学生根据图片的直观意思说出成语。从一组开始每个小组猜一个，限时三秒，猜对一个得一分，猜错一个扣一分，接着由下一个小组竞猜。最后由记分员进行统分，获胜小组每人获得一张书签。

给定成语：归心似箭、舍己救人、花好月圆、望眼欲穿、掩人耳目、魑魅魍魉、鸡飞狗跳、车水马龙、心心相印、掩耳盗铃、守株待兔、一锤定音、马马虎虎、猴年马月、零零散散、琴棋书画、全心全意、衣食父母、众望所归、携手并肩。

第一环节：书香扑我面

活动1：了解中职生读书的态度。从历史来看，"耕读传家"是我国古人推崇的民间传统。但从实践情况来看，我们的阅读意识与发达国家相比还存在很大差距。班主任播放学生课前在校园内采访的视频，内容包括：你喜欢读书吗？你最喜欢的一本书是什么？你最近在读什么书？让学生了解同龄人对于读书的看法与态度，从而对照自身引发思考。

活动2：了解中国名人读书的态度。每个小组分享一个中国名人爱读书的故事，然后由下一个小组的成员分享听后感。

分享内容：

一组：闻一多醉书

著名诗人闻一多读书成瘾，一看就"醉"。在闻一多结婚的那天，洞房里张灯结彩，热闹非凡。大清早亲朋好友都来登门贺喜，直到迎亲的花轿快到家时，人们还没看到新郎。大家东寻西找，结果在书房里找到了闻一多，他仍穿着旧袍，手里捧着一本书入了迷。

二组：张广厚吃书

著名数学家张广厚有一次看到了一篇关于亏值的论文，他觉得对自己的研究工作有用处，就一遍又一遍地阅读。这篇论文共20多页，张广厚反反复复地念了半年多。由于经常翻摸，洁白的书页上留下一条明显的黑印。张广厚的妻子跟他开玩笑说："这哪叫念书啊，简直是吃书。"

三组：侯宝林抄书

相声语言大师侯宝林只上过三年小学，有一次，他想买一部明代笑话书《滤浪》，跑遍了北京城所有的旧书摊也未能如愿。后来，他得知北京图书馆有这部书，就决定把书抄回来。适值冬日，他顶着狂风，冒着大雪，一连十八天都跑到图书馆里去抄书。一部十多万字的书，终于被他抄录到手。

四组：吴晗救书

著名历史学家吴晗家里不幸起火，由于发现得早，火很快被扑灭。院子里堆着不少东西，大多是吴晗从火里抢出来的书。有人问吴晗："那么多值钱的东西你放着不抢，为什么偏要去抢那些不值钱的书呢？"吴晗笑笑说："书使我变得聪明起来，跟家具相比，书更值钱，我为什么不应该去救书呢？"

设计意图：通过采访调查，让学生了解本校学生的读书现状，再与中国名人的读书态度对照，借由鲜明的反差让学生认识到自身的差距。

第二环节：书香入我心

活动1：从世界的角度看读书。莎士比亚曾说："生活里没有了书籍，就好像没有阳光；智慧里没有了书籍，就好像鸟儿没有翅膀。"班主任展示世界读书日设立的目的、由来与发展，让学生了解全世界对阅读的重视。

分享内容：

1995年，联合国教科文组织宣布4月23日为"世界读书日"，致力于向全世界推广阅读、出版和对知识产权的保护。联合国教科文组织创意、文化产业与版权部主任米拉格罗斯德尔·科罗尔女士曾多次强调："我们必须能够让每一个地方每一个人都获得图书。"

之所以选择4月23日成为世界读书日，是因为这一天既是西班牙文豪塞万提斯的忌日，也是加泰罗尼亚地区大众节日"圣乔治节"，也是莎士比亚出生和去世的纪念日，又是美国作家纳博科夫、法国作家莫里斯德鲁昂、冰岛的诺贝尔文学奖得主拉克斯内斯等多位文学家的生日。

自"世界读书日"设立以来，得到了全球社会各界的热切响应，并发展为尤其重视针对青少年的活动。活动目的多是培养孩子们的阅读习惯、人文精神，引导他们尊重知识。在每年的4月23日，作家、出版商、教师以及全球各国爱书的人把读书日演变成一个热闹的欢乐节日。

活动2：从成人的角度谈读书。班主任播放电视剧《少年派》中父亲林大为与女儿林妙妙关于读书的交谈，展示成年人对读书的看法，以过来人的经验给学生打开思维的大门。

视频内容：

老林："做什么不重要，重要的是努力和合时宜，努力可能会撒谎，但绝不会白费。"

女儿："我觉得我考不上大学了。"

老林："考不上就考不上呗。"

女儿："那要复读吗？"

老林："读！哪有复读这一说？就是读过一百遍也是苟日新，日日新，又日新。绝大多数人在这宇宙中都是沙砾，但有一些人在这宇宙中，至少在这地球上，他能砸出一个坑来，比如说孔子、苏格拉底、爱因斯坦、埃隆马斯克……你如果把时间用在跟这些古人圣贤交往上，即便是不考大学，做网络直播都会与众不同。现在网络上的一些观点，似是而非，博人一乐，这个月看过，下个月都不想回顾。你如果读了书，有了分辨力，再去追求自己的梦想，有了自己的观点，就不会人云亦云了。现在网络流行那些语言，什么'有钱任性'，知道不知道古人早说过？——家有千金，行止由心。"

女儿："我真是跪了。"

老林："膝行而前，以头抢地。"

女儿："我读书少，你不要骗我。"

老林："君莫欺我不识字，世间安能有此事。"

女儿："真的假的？你惊着我了！"

老林："堪惊小儿啼，能开长者颐。"

女儿："老林，你太有水平了，我要开始粉你了。"

老林："你不是粉我，你是粉腹有诗书气自华的人。你也可以，如果你不辍读书，到了爸爸这年纪，那时候的你会韵中有慧，文笔留香。读书吧，孩子！"

女儿："我从现在开始还来得及吗？"

老林："什么时候都不晚，人一能之己百之，人十能之己千之，果能此道矣，虽愚必明，虽柔必强。"

活动3：从自己的角度悟读书。班主任提出问题：世界读书日的意义是让我们享受读书的乐趣，成年人认为读书的意义是提升自身的素养，那么从你们自身的角度出发，读书的意义是什么呢？各小组展开讨论并分享观点。

设计意图：通过世界读书日的由来与发展，让学生认识到推广阅读已经成为一种世界共识；通过热播剧中父女俏皮但深邃的对话，让学生感知中国传统文化的魅力；通过小组的交流分享与班主任的正向引导，让学生对阅读形成积极的态度，激发学生读书的热情，提高学生的精神境界。

第三环节：书香伴我行

活动1：讨论如何养成良好的读书习惯。以小组为单位展开头脑风暴，将方法写下来贴在黑板上，班主任和学生一起选出高频方法，列出方法清单，粘贴在教室内的阅读树上。

方法清单：

1. 设立班级图书角

"书非借不能读也。"每位同学从家里带三本自己喜欢的书，组建班级图书角。设立图书管理员，负责书籍发放与维护。设立读书监督委员会，及时督促、鼓励同学读书。

2. 读自己喜欢的书

培养一个好习惯最好的方法就是兴趣，首先搞清楚自己喜欢读什么类型的书，从自己最喜欢的书籍类型开始培养读书习惯，在享受读书乐趣的同时，获得一份小小的成就感。

3. 坚持每天阅读

培养读书习惯最重要的一点就是每天阅读，最好在固定的时间阅读，比如睡前或者清晨。如果没有固定的时间可供阅读，那就利用碎片时间阅读。不要觉得自己没时间就不去读书，要主动创造时间去读书。

4. 列读书计划表

将自己想读的书整理出来列一个清单，有目的地逛书店也是养成良好的阅读习惯的一步。每次读完一本书，就在这个清单上做一个记号，当整个清单上的书都读完的时候，会非常有成就感。

5. 善做读书笔记

写读书笔记的开始就是提笔写，抄写书中的优美句子也好，写自己的一些感想也好，只要开始写了，久而久之，就会找到写读书笔记的感觉。时不时地翻看一下自己的读书笔记，也会从中得到不少乐趣。

6. 善用读书工具

在网络信息化时代，读书已经不仅仅局限于纸质书。如果觉得纸质书不方便携带，不妨阅读电子书籍，手机、电子书阅读器都是不错的选择，这样更能方便我们随时随地阅读。

7. 质量重于数量

读书是培养一种习惯，而不是做任务，不要一心想一个月要看几本书，只要自己在看书就好。从快速模式中慢下来，找到自己的读书节奏，当养成阅读习惯以后，阅读速度自然也就加快了。

8. 开展读书分享

定期开展读书交流活动，将自己的心得体会与同学分享，既能加深对知识的理解，又能提升自身的语言表达能力；既培养读书的兴趣，又能在相互交流中得到很多经验、知识。

活动2：感悟习近平总书记的读书观。近年来，习近平总书记在多个场合强调读书的重要性，倡导全社会要加强读书学习，把学习作为一种追求、一种爱好、一种健康的生活方式，做到好学乐学。班主任播放共青团中央宣传部在世界读书日制作的宣传片《习近平总书记谈读书》。

展示内容：

我最大的爱好就是读书，读书已经成为自己的一种生活方式。读各类书，我想，这是一个终身的爱好。

——2013年习近平接受金砖国家媒体联合采访时的回答

我年轻时读了不少文学作品，涉猎了当时能找到的各种书籍，不仅其中许多精彩章节、隽永文字至今记忆犹新，而且从中悟出了不少生活真谛。

——2014年习近平在文艺工作座谈会上的讲话

现在，我经常能做到的是读书，读书已成了我的一种生活方式。读书可以让人保持思想活力，让人得到智慧启发，让人滋养浩然之气。

——2014年习近平接受俄罗斯电视台专访时的回答

先贤们的思想结晶，许多人的智慧和成功的经验都在书里，无须经其同意便可拿来为我所用，何乐而不为？只有愚蠢的人才不去读书。

——《习近平的七年知青岁月》

广大青年……要实学实干，脚踏实地，埋头苦干，孜孜不倦，如饥似渴，在攀登知识高峰中追求卓越，在肩负时代重任时行胜于言，在真刀真枪的实干中成就一番事业。

——2021年习近平在清华大学考察时的讲话

设计意图：通过小组头脑风暴，归纳出适合中职生群体的阅读方法，让学生有路可循，有法可依；通过习近平总书记的读书观，让学生将潜心阅读与自身成长、青年责任、国家发展相联系，放眼未来，阅读世界。

结束语：

最美人间四月天，不负韶华读书时。打开一本好书，如遇一片明朗的天空，心情舒畅；打开一本好书，如饮一杯甘醇的清茶，悠远绵长。少年正是读书时，腹有诗书气自华。青少年要珍惜新时代的学习机会，好读书，多读书，读好书，树立正确志向，培养高尚品格，在读书中学习，在读书中成长。一年365天，读书不只这一天，让我们把读书作为一种追求、一种爱好、一种生活习惯，让读书成为一种积极向上的生活方式，让读书成为引人前行的人生态度！

拓展延伸：

学生自选一本书，限定在一个月内读完，每人写一份读书心得，利用班会时间进行交流分享。班主任邀请语文老师一同参加分享会，选出几篇优秀作品整理润色成《好书推荐合集》，推荐到学校公众号发表，助推校园"爱读书，读好书"阅读风尚的形成。

教育反思

　　本次班会旨在提高学生对阅读的重视，并找到建立良好阅读习惯的方法。从校园实际调研出发，让学生认识到对阅读的漠视正在中职生群体蔓延，与中国名人读书的态度形成鲜明的反差，从而造成心灵的冲击。再让学生从三个不同的维度去审视阅读的意义，从而建立正确的阅读观。最后通过集体研讨形成班级阅读公约，以集体进步带动个体进步，激发学生的阅读兴趣，培养阅读习惯，提高阅读能力，提升综合素养，鼓舞智慧与心灵，获得自信前行的力量。

第二十课　热爱劳动，创造幸福

——5月1日劳动节

节日简介

劳动节

图20-1

　　"咱们工人有力量！嘿！咱们工人有力量！"这坚实而有力的旋律唱响了工人们劳动的热情，当然这首歌歌唱的不仅仅是工人，更指向我们每一位劳动者。劳动是辛勤但充实的，是光荣而伟大的，劳动创造了我们美好的世界。我们深知劳动之不易及其重要意义，目前世界上有80多个国家会以各种各样的方式过劳动节。劳动节源于19世纪美国芝加哥的工人大罢工，工人阶级走向街头游行示威，要求缩短工时，实行八小时工作制。罢工运动表现出了工人阶级的巨大力量，表达出了全世界无产阶级的共同愿望。为纪念这次伟大的工人运动，1889年7月，第二国际宣布将每年的5月1日定为国际劳动节。在我国，中央人民政府政务院于1949年12月做出决定，将5月1日确定为劳动节。

教育构思

教育背景：

魏晋陶渊明的《劝农》中说道："民生在勤，勤则不匮。"《诗经·大雅·抑》中说道："夙兴夜寐，洒扫庭内，维民之章。"说明热爱劳动是中华民族的优良传统。2017年8月17日，教育部关于《中小学德育工作指南》提出，教育引导学生参与洗衣服、倒垃圾、做饭、洗碗、拖地、整理房间等力所能及的家务劳动。2020年7月7日，教育部印发《大中小学劳动教育指导纲要（试行）》，指出劳动教育是新时代党对教育的新要求，是中国特色社会主义教育制度的重要内容，是全面发展教育体系的重要组成部分，是大中小学必须开展的教育活动。职业院校要重点结合专业特点，增强职业荣誉感和责任感，提高职业劳动技能水平，培育积极向上的劳动精神和认真负责的劳动态度。

班情分析：

授课对象为中职机电技术应用专业一年级学生，该班96%以上同学来自农村。对家长和学生的问卷调查显示：23%的学生在家基本不做家务；3%的同学会做家务，家长不让做；74%的学生在家做少量家务。大部分学生掌握一定劳动技能，但由于劳动教育的缺失和家长的溺爱，部分学生劳动观念淡薄，自理能力差，衣来伸手饭来张口，个别学生甚至歧视劳动。这种不珍惜劳动成果、不想劳动、不会劳动的现象，根源就在于劳动教育被淡化、弱化。

教育目标：

认知目标：了解劳动在中国社会的源远流长和丰富内涵，以及设立劳动节的必要性。

情感目标：感悟新时代劳动的特点，体会劳动带来的成就感。培育积极向上的劳动精神和认真负责的劳动态度。

行为目标：树立正确的劳动观念，提高通过劳动自立自强的意识和能力。

教育方法：

情感陶冶法、榜样示范法、交流讨论法、自我教育法。

设计意图：本次班会以《大中小学劳动教育指导纲要（试行）》为指导，

以"知情意行"为设计线索，引导学生通过"初识劳动美好""品味劳动盛宴""弘扬劳动精神"三个环节，了解中国劳动文化的源远流长，感受新时代劳动的意义，感悟并传承劳动精神。

活动准备：

1. 教师准备

（1）打印三套纸牌以供暖场活动使用。

（2）将全班学生划分为六个小组，并分配小组任务。

（3）剪辑电视剧《觉醒年代》关于五一劳动节的片段。

（4）联系机电专业优秀毕业生，邀请其录制视频，分享对待劳动的态度。

2. 学生准备

（1）将桌椅摆放在教室两旁，布置教室环境。

（2）一组学生负责搜集中国古代劳动节的发展历程，二组学生负责搜集描写劳动场景的诗词，三组学生搜集大国工匠的奋斗事迹，四组学生搜集著名院士的光荣事迹，五组学生深入学校实训车间，拍摄学生实训场景和加工作品，六组学生负责搜集学生在学校劳动和在家劳动的照片。

(教育过程)

暖场活动：快乐翻牌

活动规则：组长抽签将小组两两配对，每个小组分一套纸牌，每套纸牌八张，上面分别写着"播种""浇灌""施肥""收割""净化""脱粒""磨面""打包"，即面粉的制作过程。纸牌打乱次序后，每组派一个代表玩"剪刀包袱锤"游戏，获胜一次即可翻牌一张，全部翻完后两个小组合作排列出制作面粉的正确次序，翻纸牌多的小组获胜。

第一环节：初识劳动美好

活动1：了解古代劳动节。由一组代表分享中国古代劳动节的源起与发展，让学生了解劳动是人类生存和生活的基本手段，热爱劳动是中华民族的优良传统。

演示内容：

在以农为本的古代，劳动的重要性不言而喻。《帝王世纪》记载，被尊为"三皇"之首的伏羲"重农桑，务耕田"，每年农历二月初二，都要率领各部落首领"御驾亲耕"，百姓也要从这天开始下田耕作。

司马迁《史记》中也提到，周武王在每年二月初二都会举行盛大仪式，率文武百官亲耕，并将这天定为"春龙节"，以此拉开全国农耕的序幕。

自唐代，二月初二被正式定为耕事节或劳农节，皇帝率百官亲耕，百姓要在农具上绑上红绸播种，以示庆贺。

到宋元时，二月初二含义扩大到"花朝节""踏青节"，但春耕劳作由此开始，劳动性质一直得以延续。

明清两代对二月初二的劳动意义更加重视。自雍正以后，每年二月初二，皇帝都会亲率百官和皇后、宫女到专门开辟的"一亩园"扶犁耕田。

活动2：欣赏古代劳动美。由二组学生诵读古代描写劳动的经典诗词，在悠扬的配乐中感悟劳动气息，相邻小组分享对诗词的体会。

活动3：认识现代劳动节。教师播放电视剧《觉醒年代》片段——李大钊先生宣传五一国际劳动节的意义，鼓舞工人斗志，争取自身的解放，体现劳动节对中国革命斗争的推进作用。

设计意图：通过劳动节的由来以及吟诵关于劳动的诗词歌赋，让学生理解古人对劳动创造美和劳动创造幸福的美好追求，了解劳动节的国际起源和中国发展。

第二环节：品味劳动盛宴

活动1：劳动热线宴——劳动光荣。教师提问：作为一名机电专业的学生，如何结合专业体现劳动的意义呢？教师介绍机电专业优秀毕业生张××，展示他参加全国技能大赛的获奖证书，播放提前录制好的视频，让学生认识到职校生劳动的意义，增强学生的职业荣誉感和责任感。

活动2：劳动视觉宴——劳动崇高。由三组学生分享大国工匠的奋斗历程，学生小组内畅谈感受，感悟精益求精、追求卓越的工匠精神和爱岗敬业的劳动态度。

演示内容：

王德森（化名），高级技师，全国劳动模范，全国五一劳动奖章获得者，全国国防科技工业系统劳动模范，全国道德模范，全国技术能手，首次月球探测工程突出贡献者，中华技能大奖获得者，中国质量奖获奖者，2009年获国务院政府特殊津贴，2018年"大国工匠年度人物"，2019年9月25日获"最美奋斗者"称号。

"神舟"、"北斗"组网、"嫦娥"落月都离不开长征系列运载火箭的大力挺举，火箭升空过程中不能有任何一个漏点，否则就会引发毁灭性爆炸，火箭燃料输送管道壁的厚度是0.08毫米，焊枪停留在上面不能超过0.01秒，否则就会焊穿管壁。王德森能做到0.01秒内精准控制，上万次焊接操作准确无误，他说要达到极致才能确保万无一失。

王德森从一名技校生一步步成长为全国劳模、大国工匠，背后付出了常人难以想象的艰辛努力。他的每一次攻坚克难，都为国家创造了巨大的财富。我们学习过很多大国工匠的感人事迹，中国从贫穷走向富强正是因为这些人默默无闻的付出。正如王德森自己说的那样："岗位不同，作用不同，仅此而已，心中只要装着国家，什么岗位都光荣，有台前就有幕后。"

活动3：劳动升华宴——劳动伟大。由四组学生分享著名院士在生命的最后10个小时依然在医院办公的感人场景，展现他执着信念、报效祖国的辛劳一生，让学生树立正确的劳动价值观。

演示内容：

张卫国（化名），2001年当选为中国工程院院士，中国爆炸力学与核试验工程领域著名专家，原总装备部某试验训练基地研究员，全军挂像英模，2019年9月25日，入选"最美奋斗者"个人名单。

张卫国院士入伍52年，参加了全部核试验任务，为国防科技倾尽心血，在癌症晚期仍以超强的意志工作到生命最后一刻。"感动中国"给他的颁奖词是：大漠，烽烟，马兰，平沙莽莽入黄天，英雄埋名五十年。剑河风急云片阔，将军金甲夜不脱。战士自有战士的告别，你永远不会倒下。

设计意图：通过优秀毕业生的分享，让学生认识到榜样就在身边，激励学生精湛技能，学有所成；通过大国工匠的成就，让学生坚信"三百六十行，行行出状元"，体认劳动不分贵贱，任何职业都很光荣，都能出彩；通过著名院士催人泪下的事迹，激励学生奋发图强，报效祖国。通过以上三场盛宴的递进设计，让学生学习楷模精神，达到情感高潮和思想的升华。

第三环节：弘扬劳动精神

活动1：劳动提升技能。由五组学生展示本校不同专业学生在车间实训的场景，欣赏不同专业学生的作品，如机电专业的电工配盘、学前教育专业的剪纸、创客小组的3D打印和陶艺等，让学生增强职业认同感和劳动自豪感。

活动2：劳动无处不在。由六组学生展示全班学生在校园内打扫卫生、在家里做家务、在社区进行志愿服务的照片，让学生体会劳动带来的整洁美、秩序美。

活动3：劳动开拓未来。教师提问：动手实践、出力流汗的劳动教育，对一个人的成长意味着什么？作为新时代的中职生，我们该如何弘扬劳动精神？学生畅谈感受，表达自我观点，并发出倡议：热爱劳动，尊重所有劳动者，培养勤俭、奋斗、创新、奉献的劳动精神；具备满足生存发展需要的基本劳动能力，形成良好劳动习惯；积极在生活学习中践行劳动精神。

设计意图：通过展示各专业技能训练的场景，以及学生打扫校园卫生区等活动，体会劳动创造美好生活，体会劳动不分贵贱，让学生认识到爱劳动、会劳动不仅不会耽误学习，反而能够促进学习，有助于人的全面协调发展。

结束语：

劳动创造幸福，实干成就伟业。回望过去的奋斗之路，俯瞰当今国家的繁荣发展，有千千万万个劳动者在各自的岗位上贡献聪明才智，挥洒辛勤的汗水。作为新时代的中职生，我们要深信劳动必能开创美好未来，要大力弘扬劳模精神、工匠精神，勤于创造、勇于奋斗，练就一身真本领，掌握一手好技术，满怀信心投入到祖国的建设当中，勤于劳动、踏实肯干、爱岗敬业，为祖国的发展事业添砖加瓦！

拓展延伸：

开展二十一天养成良好的劳动习惯活动。由宿舍管理员记录每天的内务整理情况，由纪律委员每天记录晚自习的学习效果，从体力劳动和脑力劳动两方面记录劳动过程，动态整改存在的问题，培养优良高效的劳动习惯，让学生成为热爱劳动并能用劳动创造幸福的人。

教育反思

劳动教育是培养德智体美劳全面发展人才的关键一环。本次班会结合学生的实际情况，以及《大中小学劳动教育指导纲要（试行）》的文件要求而设计，通过一系列德育活动，践行习近平总书记的殷切期望——"要在学生中弘扬劳动精神，树立劳动平等、劳动光荣的观念，引导学生崇尚劳动、尊重劳动，懂得劳动最光荣、劳动最崇高、劳动最伟大、劳动最美丽的道理，长大后能够辛勤劳动、诚实劳动、创造性劳动。"为了把本次班会的作用辐射到生活实际中，在后期要督促并引导学生养成良好的劳动习惯。

附1：关于劳动的调查问卷

同学们，本调查问卷不记名，请根据自己的实际情况如实填写。

1. 你的家在（　　　　）

A. 农村　　　　　　　B. 城镇　　　　　　　C. 市区

2. 你在家做家务吗？（　　　　）

A. 一点不做　　　　B. 偶尔做　　　　C. 在家的时间经常做

3. 家长对你做家务持什么态度？（　　　　）

A. 支持、督促我做　　　　B. 不让我做

4. 下列劳动技能你会哪些？（　　　　）

A. 洗碗　　　　　　　　B. 做饭（炒菜、包饺子等）

C. 洗衣服　　　　　　　D. 清理房间卫生

E. 播种、收割等农活

5. 你对劳动的态度是（　　　　）

A. 热爱　　　　　　　　B. 一般

C. 被动　　　　　　　　D. 反对

6. 你对劳动创造美有亲身体会吗？（　　　　）

A. 有　　　　　　　　　B. 没有

附2：古诗文中的劳动

国风·周南·芣苢

采采芣苢，薄言采之。

采采芣苢，薄言有之。

采采芣苢，薄言掇之。

采采芣苢，薄言捋之。

采采芣苢，薄言袺之。

采采芣苢，薄言襭之。

春中田园作

唐　王　维

屋上春鸠鸣，村边杏花白。

持斧伐远扬，荷锄觇泉脉。

归燕识故巢，旧人看新历。

临觞忽不御，惆怅远行客。

悯 农

唐　李　绅

锄禾日当午，汗滴禾下土。

谁知盘中餐，粒粒皆辛苦。

归园田居

晋　陶渊明

种豆南山下，草盛豆苗稀。

晨兴理荒秽，带月荷锄归。

道狭草木长，夕露沾我衣。

衣沾不足惜，但使愿无违。

四时田园杂兴

宋　范成大

昼出耘田夜绩麻，村庄儿女各当家。

童孙未解供耕织，也傍桑阴学种瓜。

清平乐·村居

宋　辛弃疾

茅檐低小，溪上青青草。

醉里吴音相媚好，白发谁家翁媪？

大儿锄豆溪东，中儿正织鸡笼。

最喜小儿亡赖，溪头卧剥莲蓬。

第二十一课 立志明德，勇担重任

——5月4日青年节

青年节

图21-1

　　"国家的希望在青年，民族的未来在青年"，青年是一个国家中最积极的力量，青春的力量一往无前，青春的风采魅力无限，无论过去、现在还是未来，青年一直是国家的先锋力量。1919年5月4日，北京的青年学生为了抗议帝国主义国家在巴黎和会上支持日本对我国的霸凌行为，举行了声势浩大的游行示威活动，得到了全国各界人士的支持，这是一场伟大的反帝反封建的爱国运动。这场运动中，青年勇士们一往无前，追求自由与平等，追求进步与解放，展现出了鲜明的爱国主义精神，这种精神一直激励着中华青年勇往直前！为了使青年继承和发扬五四运动的爱国精神与光荣传统，1949年12月23日，中央人民政府政务院正式宣布：5月4日为中国青年节。

教育构思

教育背景：

习近平总书记在纪念五四运动100周年大会上的讲话中指出：青年是整个社会力量中最积极、最有生气的力量，国家的希望在青年，民族的未来在青年。今天，新时代中国青年处在中华民族发展的最好时期，既面临着难得的建功立业的人生际遇，也承担着"天将降大任于斯人"的时代使命。新时代中国青年要继续发扬五四精神，以实现中华民族伟大复兴为己任，不辜负党的期望、人民期待、民族重托，不辜负我们这个伟大时代。

班情分析：

授课对象为中职物流服务与管理专业一年级学生。经过历史课的学习，学生对五四运动有基本的认知，但缺乏对五四精神内涵的深入理解，缺乏传承五四精神的意识。班级内大部分学生具备较好的专业素养，但缺乏明确的职业目标，难以将个人理想与国家发展联系起来，对如何实现个人价值感到迷茫。

教育目标：

认知目标：了解五四爱国运动的起因、经过、结果，理解五四精神的科学内涵。

情感目标：激发爱国之情，增强对国家、对民族的历史使命感和社会责任感。

行为目标：树立报国之志，将"个人梦"和"中国梦"有机结合，勤学苦练，增强专业能力，以实际行动为民族复兴贡献青春力量。

教育方法：

情感陶冶法、合作探究法、比拼竞争法、榜样示范法。

设计意图：根据朱小蔓教授的"情感教育论"和学生品德形成规律，立足五四青年节这一特殊的时间节点，结合中职一年级学生面临的实际问题，抓住教育契机，引导学生通过"感知五四之魂""弘扬爱国之情""学习新时代精神""树立报国之志"这四个环节，知情意行，层层渗透，厚植家国情怀，增强责任担当。

活动准备：

1. 教师准备

（1）准备四台畅言智慧课堂学伴机，并安装中国地理拼图APP。

（2）下载五四运动现场的真实历史影像和青岛五四广场宣传片。

（3）设计《五四运动知多少》知识竞赛题。

（4）邀请物流服务与管理专业的优秀毕业生参加在线访谈。

（5）下载《纪念五四运动100周年文艺晚会》片段。

（6）准备小组加分板，并制作班会课件。

2. 学生准备

（1）各小组按教师给定主题搜集五四运动的相关知识。

（2）各小组排练《建党伟业》中有关五四运动的片段。

（3）各小组搜集关于"青年担当，勇于抗疫"的图片，并上传至畅言智慧课堂。

教育过程

暖场活动：爱我中华

活动规则：每个小组发放一台畅言智慧课堂学伴机，四个小组听班主任口令，同时开始拼中国地图，完成拼图后小组成员共同大喊"爱我中华"，班主任按照完成的先后顺序给小组计分。在热烈活跃的氛围中引入本次班会的主题——立志明德，勇担重任。

第一环节：感知五四之魂

活动1：由暖场活动中的口号引申到1919年发出"爱我中华"呼声的青年群体，班主任播放1919年五四运动现场历史影像。

演示内容：

1919年5月4日，一个多云的星期天。长安街上，口号声由远而近。3000多名爱国学生从东、西两个方向，沿长安街汇聚到天安门前示威，反对西方列强在巴黎和会上无理践踏中国主权的行径，要求"外争国权，内惩国贼"。风起云涌的五四运动让马克思主义在中国得到了更广泛的传播，并且日益同工人运动结合起来，工人阶级第一次作为独立的政治力量登上了历史舞台。声势浩大的五四运动是中国革命史上具有划时代意义的事件，它标志着一场新的伟大的反帝反封建斗争的开始，是中国新民主主义革命的伟大开端。

活动2：四个小组的学生代表分别上台展示课前搜集的资料，一组展示五四运动的历史背景，二组展示五四运动的经过，三组展示五四运动的成果，四组展示五四运动的科学内涵。

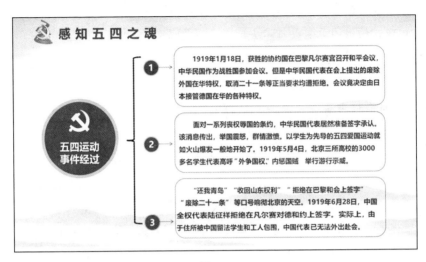

图21-2

活动3：班主任在学伴机上推送《五四运动知多少》知识竞赛题，每个小组选出两名学生代表参加比赛，班主任根据作答的正确率和用时给各小组累计加分。

设计意图：组内合作，组间竞争，知识分享，交流提升，全面了解五四运动的起因、过程、结果和历史意义，深刻领悟五四精神的内涵。

第二环节：弘扬爱国之情

活动1：班主任用畅言智慧课堂的随机选人功能，依次选择四个小组的学生上台为历史剧《建党伟业》中有关五四运动的片段配音，四位小组长作为裁判打分，班主任根据分数为各小组累计加分。

配音内容：

A：如果谈判成功，举国欢腾；如果失败……

B：那积压了近百年的民族情绪，就会像火山一样爆发。

A：（拿报纸走进）日本在巴黎和会上正式提出议案，要我们把德国在山东的权益永久地交给他们。（把报纸摔在桌子上）日本对我国步步蚕食，很明显损害了美国在华利益，威尔逊岂能袖手旁观？

C：若是日本不肯撤军，为了我们美国会把军舰开进胶州湾来吗？

B：润之说的对，日本和中国，列强支持谁，只会选择其一，可几十年来，他们从未选择过我们。

A：当年支持日本，他们是为了让日本牵制俄国。

C：现在的俄国更需要日本去制衡，不是吗？

报童：卖报卖报，巴黎谈判失败。

A：我们被那些在凡尔赛宫高谈阔论的政客们出卖了，被那些在欧洲瓜分战利品的列强们出卖了，而我们的政府却要在这个丧权辱国的合约上落笔签字，同学们，历史的重要时刻就要到了。

众学生：还我青岛，保卫主权！还我青岛，保卫主权！

D：这就是威尔逊之流的公平和正义，同胞们，列强在巴黎出卖了我们，他们出卖了中国，出卖了四万万中国人，出卖了公理和正义。如此明白的事实，这北洋政府居然看不明白。如此赤裸裸的羞辱，这北洋政府居然可以忍受。他们根本就不是我们的政府，他们就是列强的帮凶，是倭寇的走狗。

E：国家有难，匹夫有责，今天，我们要以血还血；今天，我们要以牙还牙。

众学生：血战到底，誓死力争！还我青岛！

设计意图： 亲身参与，历史再现，共同演绎，情感共鸣，培养团队合作精神，增强班级凝聚力，激发学生的爱国热情，珍惜来之不易的幸福生活，担负起民族复兴大任。

活动2：班主任播放青岛五四广场宣传片，学生了解五四广场建立的历史背景，感悟五四广场的文化底蕴和历史传承。

活动内容：

青岛著名地标性建筑物之一的五四广场因五四运动而得名。1919年爆发的伟大的反帝爱国运动——"五四运动"的导火索正是青岛的主权问题。第一次世界大战结束后，1919年1月，中国在法国巴黎"和平会议"上作为战胜国提出了收回青岛主权等正当要求，却被英、法、美、日等国拒绝，并强行将青岛主权转让给日本。消息传来，震惊全国，北京青年学生于5月4日进行了示威游行，强烈要求拒绝签约，高呼"誓死力争青岛主权""还我山东，还我青岛"等口号。学生们的爱国行动得到全国人民的支持，在举国反对声中，中国北洋政府被迫拒绝在巴黎和会上签字，粉碎了日本企图永久侵占青岛的阴谋。在中国人民的英勇斗争下，终于在1922年12月12日收回了青岛主权。鉴于青岛与五四运动这一特殊的关系，青岛市委、市政府决定将新建于1997年的广场命名为"五四广场"。现在五四广场已经成为青岛的标志性文化景观。

设计意图：联系实际生活，创设学习情境，激发学习兴趣，初步点燃爱国热情，增强历史使命感。

第三环节：学习时代精神

活动1：班主任展示各小组上传到学习平台的青年抗疫图片，并进行文本解说，感悟新时代的青年担当精神。

文本内容：

在支援湖北武汉的医务人员大军中，有90后也有00后，据统计有一万两千人之多，差不多是整个队伍的三分之一。习近平总书记在武汉考察的时候这样说："以往有人说他们是娇滴滴的一代，但此刻看，他们成了抗疫一线的主力军，不怕苦、不怕牺牲。抗疫一线比其他处所更能考验人。"昨天父母眼中的小孩，今天已经成了新时代共和国的脊梁。在他们身上，我们看到了奉献与担当，也看到了希望和未来。其实定义我们每个人的从来就不是几零后，而是努力后、奋斗后，你给自己、给社会带来了什么。年龄不是标签，真正在你身上打上烙印的是你用自己的努力去亲历、去参与时代的变迁。你们不是娇滴滴的一代，也不是时代的观众与看客，因为你们也迎来了自己的时代。新时代的中国青年要用步履证明自己是好样的，是堪当大任的！

活动2：班主任视频连线两位优秀毕业生，参加"我的成长轨迹"和"学长学姐请回答"活动。

活动内容：

班主任分别连线两位优秀毕业生，一位是物流行业的高级蓝领，另一位是高校在读本科生，请他们分享自己的成长经历，同学们可以就自己感兴趣的问题进行提问。

设计意图：通过抗疫中的青年担当和身边榜样的励志故事，帮助学生了解新时代的青年精神并明确物流专业升学和就业的两种选择，将"个人梦""行业梦"和"中国梦"有机结合，坚定信念，并为之不懈奋斗。

第四环节：树立报国之志

活动1：班主任播放一段舒缓的音乐，学生思考自己的个人理想，并将其写在心形便利贴纸上，然后粘贴到班级心愿墙上，大胆秀出自己的理想。

活动2：班主任播放《纪念五四运动100周年文艺晚会》中易烊千玺宣誓的片段，全体学生起立共同宣誓。

誓词内容：

我是中国青年，

我是祖国忠诚的儿女，

五四火种在心，

先辈夙愿在胸，

复兴大任在肩，

今天，面对国旗，

我们庄严承诺：

奋斗有我，让人民更加幸福，

奋斗有我，让家园更加美好，

奋斗有我，让祖国更加昌盛！

百年传承，今日到我，

激荡未来，壮志在我，

青春万岁，强国有我！

设计意图：引导学生树立报效祖国的远大理想，明确符合时代发展要求的奋斗目标，制订切实可行的职业规划，以实际行动去实现个人理想。

结束语：

新时代的我们要继续发扬五四精神，以实现中华民族伟大复兴为己任，树立远大理想，热爱伟大祖国，担当时代责任，勇于砥砺奋斗，练就过硬本领，锤炼品德修为，不辜负党的期望、人民的期待、民族的重托，不辜负我们这个伟大时代。

拓展延伸：

学生利用节假日参观青岛五四运动纪念馆，深入了解青岛回归的重大历史意义——作为第一个主权回归的城市，青岛的回归极大地鼓舞了士气，在那个时代为中国的未来发展争取到了主动权。铭记青岛的五四历史，传承五四精神，为新时代建设做出贡献。

教育反思

本节班会课紧紧围绕五四精神这一伟大的精神财富，遵循"知情意行"的德育规律，通过"感知五四之魂""弘扬爱国之情""学习时代精神"和"树立报国之志"四个环节，让学生在了解五四运动起因、经过、结果和影响的基础上，深刻领悟五四精神的内涵，引导学生继续弘扬五四精神，明确时代任务和历史使命，以实现中华民族伟大复兴为己任，树立远大理想，夯实专业基础，让青春在实现中华民族伟大复兴的中国梦中精彩绽放。

附：《五四运动知多少》知识竞赛题

1. 五四运动标志着中国新民主主义革命的伟大开端，但其意义不应包括（　A　）。

A. 促使中国革命性质和社会性质发生变化

B. 促使革命的领导阶级和指导思想发生变化

C. 促使马克思主义开始与中国工人运动相结合

D. 具有以往革命所不具备的广泛性和不妥协性

2. 中华人民共和国建立后，中央人民政府政务院于（　B　）年12月正式宣布以5月4日为中国青年节。

A. 1950年　　　　B. 1949年　　　C. 1951年　　　D. 1952年

3. 1920年春，在中国最早酝酿筹建中国共产党的是（　B　）。

A. 周恩来、李大钊　　　　　B. 陈独秀、李大钊

C. 毛泽东、周恩来　　　　　D. 毛泽东、陈独秀

4. 五四运动的根本原因是（　A　）。

A. 阶级矛盾的加深　　　　　B. 无产阶级的成长壮大

C. 新文化运动的兴起　　　　D. 帝国主义加紧侵略

5. 五四运动的阶级基础是（　B　）。

A. 阶级矛盾的加深　　　　　B. 无产阶级的成长壮大

C. 民族意识的觉醒　　　　　D. 帝国主义加紧侵略

6. 中国工人阶级以独立的姿态登上政治舞台是在（　C　）。

A. 香港海员罢工　　　　　　　　B. 五卅运动

C. 五四运动　　　　　　　　　　D. 省港大罢工

7. 在五四运动中，对运动的胜利起决定性作用的力量是（ A ）。

A. 无产阶级　　　　　　　　　　B. 资产阶级知识分子

C. 青年学生　　　　　　　　　　D. 上层小资产阶级

8. 新文化兴起的主要阵地是（ C ）。

A.《苏报》　　　　　　　　　　B.《民报》

C.《新青年》　　　　　　　　　D.《每周评论》

9. 在五四运动中，起先锋作用的力量是（ C ）。

A. 无产阶级　　　　　　　　　　B. 资产阶级知识分子

C. 青年学生　　　　　　　　　　D. 上层小资产阶级

10. 五四运动的主旋律是（ B ）。

A. 团结奋斗精神　　　　　　　　B. 爱国主义精神

C. 民族解放精神　　　　　　　　D. 集体主义精神

第二十二课　不负春晖，为爱守护

——5月第二个星期日母亲节

节日简介

母亲节

图22-1

　　母爱无言，她却懂你思绪万千；母爱温柔，她却是你身后最坚强的守候。母亲的爱细水长流，不计付出与回报；我们对母亲的爱，忽浓忽淡，忽远忽近，还时常忽略与忘记，但是母亲节提醒着我们，要对母亲说声谢谢，表达你对她的爱。最初，母亲节起源于古希腊人向希腊众神之母赫拉致敬的传统。现代意义上的母亲节起源于美国，也就是中国人经常过的母亲节，最早的发起人是贾维斯夫人。她是一个有着10个孩子的母亲。她认为在美国南北战争中，很多的年轻战士战死沙场，而战后承受生离死别痛苦折磨的是默默无闻的母亲，为了给这些母亲一些慰藉，她建议设立母亲节。她的愿望并没有达成，遗憾离世。她的女儿安娜·贾维斯想要帮助母亲达成愿望，提议创立母亲节，她的提议得到了社会上的广泛响应和支持。1913年5月10日，美国参众两院通过决议案，决定每年5月的第二个星期日为母亲节。

教育构思

教育背景：

2019年5月5日，习近平总书记在纪念五四运动100周年大会的重要讲话中指出：要加强感恩教育，在重要仪式、重要节点上培养青年师生饮水思源、懂得回报的感恩之心，教育引导青年师生感恩党和国家，感恩社会和人民。感恩教育是中小学德育的重要内容，母亲节是实施感恩教育的重要载体。加强中职生对母亲的感恩教育，注重孝道，尊重母亲，传承至善至美的本性，对家庭文明和建设和谐社会具有积极的意义。

班情分析：

授课对象为中职计算机应用专业一年级学生，他们大都是独生子女。经过家访调研发现，很多学生出现叛逆、顶嘴、和父母对着干等不良现象，更多的孩子把父母的爱当成了一种理所当然，缺乏感恩意识。设计以感恩母亲为主题的班会，引导学生体会父母的辛苦，培养学生的感恩之心，学会关爱母亲、尊重母亲，主动承担家庭责任，进而把这种爱心和责任上升到对集体和祖国的爱，学会感恩国家和社会。

教育目标：

认知目标：了解母亲节的由来及发展，理解懂回报、有孝心是中华民族的传统美德。

情感目标：感受母爱的无私与伟大，感恩母亲的养育与奉献，树立尊重母亲、孝敬母亲的理念。

行为目标：用自己的行动去孝老敬亲、感恩社会，培养感恩的价值观，树立为家庭幸福、祖国昌盛而奋斗的目标。

教育方法：

情感体验法、小组讨论法、合作探究法、榜样示范法。

设计意图：本次班会以加强学生的感恩教育为主旨，借由母亲节的契机，设计了"回顾篇——走近亲情，感知母爱""拥抱篇——体验亲情，感悟母爱""行动篇——回报亲情，感恩父母"三个环节，展现母爱的真诚与伟大，在学生心中植下感恩的种子，并引导学生找到让这一美德深植于心、外化为行的良方。

活动准备：

1. 教师准备

（1）准备20根长气球和4个充气筒，下载视频《气球康乃馨教程》。

（2）在家长群中发放调查问卷《关于妈妈和孩子的那些事》。

（3）下载英文歌曲Mother。

2. 学生准备

（1）一组学生搜集母亲节的起源，二组学生搜集康乃馨花语的故事，三组学生搜集吟诵母亲的诗词，四组学生搜集有关母亲的感人故事。

（2）学唱歌曲《听妈妈的话》。

教育过程

暖场活动：气球康乃馨

活动规则：每个小组发5根长气球和1个充气筒，小组成员根据大屏幕上循环播放的《气球康乃馨教程》学习制作康乃馨，限时4分钟完成作品。最后合并为一个大花束，四位小组长同时上台展示作品，根据学生掌声的热烈程度评选出最佳作品。

第一环节：回顾篇——走近亲情，感知母爱

活动1：了解母亲节的由来。由暖场活动中的康乃馨花束联想到母亲节，从而引出母亲节的话题，请一组学生分享母亲节的起源与发展。

图22-2

分享内容：

母亲节起源于古希腊。在这一天，古希腊人向希腊众神之母赫拉致敬。17世纪中叶，这个节日流传到英国。在这一天里，出门在外的年轻人会返家，送给母亲一些小礼物。美国的母亲节由安娜·贾维斯（Anna Jarvis，1864—1948）发起，安娜·贾维斯的母亲心地善良，极富同情心，她提出应设立一个纪念日来纪念默默无闻做出奉献的母亲们。可是这个愿望尚未实现，她就逝世了。安娜·贾维斯于次年举行了追思母亲的活动，并鼓励他人也以类似的方式表达对慈母的感激之情。此后，她到处游说并向社会各界呼吁设立母亲节，她的呼吁得到了热烈响应。1913年，美国国会确定将每年5月的第二个星期日作为法定的母亲节，并规定这一天家家户户都要悬挂国旗，表达对母亲的尊敬。而安娜·贾维斯的母亲生前最爱的康乃馨也就成了美国母亲节的象征。母亲节创立后，也得到了全世界各国人民的支持，欢庆这个节日的国家越来越多。

活动2：了解康乃馨的花语。每逢母亲节，人们都喜欢送给母亲一束康乃馨，向母亲表达最温馨、最真挚的祝愿，请二组学生分享康乃馨花语的由来。

分享内容：

世界上第一张母亲节邮票：1934年初，为了纪念第二十个母亲节，曾任全美士兵母亲协会主席的麦克鲁斯夫人，向当时的美国总统罗斯福提出，在母亲节发行一枚纪念邮票，以纪念这一节日。身为总统和集邮爱好者的罗斯福亲自设计了这枚邮票的草图。邮票选用了美国著名画家詹姆斯·阿伯特·麦克尼尔·惠斯勒的《灰与黑的改编曲第一号：画家的母亲》作为主图，在邮票的左下角加上了一个插满康乃馨的花瓶，这是世界上第一套母亲节邮票。该邮票主图所选用的画作中不仅有艺术家对母亲的爱，更有母亲对孩子深深的爱。随着邮票的传播，在许多人心目中便把母亲节与康乃馨联系到一起，并赋予康乃馨真挚、慈祥、亲情思念、温馨祝福的花语，康乃馨便成了象征母爱之花。

活动3：赏析母亲节歌曲。班主任播放英文歌曲Mother，学生欣赏完歌曲后，小组合作翻译歌词片段，并由小组代表朗读翻译成果。

分享内容：

歌词：

"M" is for the million things she gave me,

"O" means only that she's growing old,

"T" is for the tears she shed to save me,

"H" is for her heart of purest gold,

"E" is for her eyes with love-light shining,

"R" means right and right she'll always be,

Put them all together they spell "MOTHER".

翻译：

M（many）妈妈给了我很多很多，

O（old）妈妈为我操心，白发已爬上她的头，

T（tears）她为我流过不少泪，

H（heart）她有一颗慈祥温暖的心，

E（eyes）她注视我的目光总是充满着爱，

R（right）她从不欺骗我，并教导我去做正确的事，

把它们拼在一起就是"母亲"。

设计意图： 通过了解母亲节的起源、康乃馨的花语和英文歌词含义，引导学生认知设立母亲节的意义，并感知母亲节在世界范围内获得的广泛认可。

第二环节：拥抱篇——体验亲情，感悟母爱

活动1：诗词分享会。母爱是永恒的主题，在我国悠久的历史长河中，留下

了许多赞颂母爱的优秀诗歌，请三组学生分享抒写母爱的代表诗词，并表达个人感悟。

分享内容：

游子吟

唐　孟　郊

慈母手中线，游子身上衣。

临行密密缝，意恐迟迟归。

谁言寸草心，报得三春晖！

岁末到家

清　蒋士铨

爱子心无尽，归家喜及辰。

寒衣针线密，家信墨痕新。

见面怜清瘦，呼儿问苦辛。

低徊愧人子，不敢叹风尘。

活动2：故事分享会。历史赋予母爱亘古的深沉，在危难时刻母爱谱写着世间的传奇，请四组学生分享大地震中感人的母爱故事，然后小组讨论畅谈听后感，并分享母亲呵护自己成长的难忘的细节。

分享内容：

《十指母爱血》：唐山大地震中，有一对母子被埋在废墟里。当救援人员挖出母子俩时，母亲已经停止了呼吸，孩子静静地躺在母亲的臂弯中，安然无恙。原来这位母亲在奶水短缺的时候用织衣针一一将十个手指扎破，把自己的鲜血当成奶水让孩子吮吸，从而保住了孩子的生命。

《记住我爱你》：汶川大地震中，一位母亲被垮塌的房子压死了，抢救人员透过废墟的间隙看到，她双膝跪着，整个上身向前匍匐，双手扶着地支撑着身体，有点像古人行的跪拜礼。当救援人员把废墟小心清理开，发现在她的身体下面躺着她的孩子，大概有三四个月大，毫发未伤。随行的医生在孩子的小被子里发现一部手机，屏幕上是一条已经编辑好的短信："亲爱的宝贝，如果你能活着，一定要记住我爱你。"看惯了生离死别的医生和在场的其他人都落泪了。

活动3：问卷小调查。班主任发放问卷《关于妈妈和孩子的那些事》，学生完成后，班主任将课前在家长群问卷的结果发放给学生，让学生对照妈妈的答案，看看自己了解妈妈多少，而妈妈又了解自己多少。

问卷内容：

1. 妈妈的生日是_____，孩子的生日是_____。

2. 妈妈的体重是_____，孩子的体重是_____。

3. 妈妈的身高是_____，孩子的身高是_____。

4. 妈妈的鞋码是_____，孩子的鞋码是_____。

5. 妈妈喜欢的颜色是_____，孩子喜欢的颜色是_____。

6. 妈妈喜欢的水果是_____，孩子喜欢的水果是_____。

7. 妈妈喜欢的花是_____，孩子喜欢的书是_____。

8. 妈妈的口头禅是_____，孩子的口头禅是_____。

设计意图：通过诗词赏析，让学生认识到感恩母亲是中华民族的传统美德；通过地震中的故事分享，让学生体会到人世间最崇高、最圣洁、最勇敢的是母爱；通过问卷调查比对，让学生进一步了解母亲以及母亲对自己的关爱，激发学生感恩母亲、尊敬母亲的信念。

第三环节：行动篇——回报亲情，感恩父母

活动1：研讨孝亲方式。如今的中学生大多是独生子女，从小被父母呵护着，从不知父母生活的艰辛劳累，不知父母的希望和期待。他们总埋怨父母的唠叨、麻烦，怨恨父母不理解自己，但从来不会从父母的角度去为父母想想，体谅他们的忙碌与劳累。班主任提出问题：父母给了我们那么多的爱，我们已经渐渐长大，应该怎样回报父母呢？请学生小组讨论，派代表发表小组感言。

分享内容：

代表1：尊重父母教诲。理解母亲啰唆背后的深情，与母亲建立民主的沟通方式，多交流内心的感受，增加彼此的了解。

代表2：主动承担家务。在家给自己设立一个劳动岗位，帮助父母分担家务，做好自己的事情，向父母表示关爱。

代表3：陪同父母聊天。放假回家陪父母聊聊天，说说学校发生的事、同学之间的事、自己的心情，听听父母工作的事，在沟通中积累情感。

代表4：给予父母惊喜。送一份独特的礼物给父母，如自己设计的贺卡或小制作；给父母洗洗脚；汇报一下通过努力取得的最佳成绩或获得的喜报……

活动2：升华孝亲情感。亲情是一切情感的基石，只有爱父母，才会爱学校、爱家乡、爱祖国、爱社会、爱我们生活的这个世界，才能永驻真爱，形成质朴健全的人性。孝敬父母、重视亲情，习近平总书记有着深厚的家庭情怀。"心中为念农桑苦，耳里如闻饥冻声。"多年以来，习近平总书记牢记母亲的嘱托，也坚守着自己的初心。班主任分享习近平总书记和母亲的故事，让学生畅谈观后感。

活动3：齐唱感恩歌曲。全体学生起立，跟着视频齐唱《听妈妈的话》，感悟歌曲中的正能量，表达对母亲的感恩之心及孝亲之情。

设计意图：通过小组讨论孝敬父母的方式，让学生从自身实际出发，改变不良习惯，践行孝老敬亲。通过习近平总书记与母亲的温馨故事，让学生意识到不仅要感恩母亲为自己所做的一切，同样也要感恩祖国母亲为我们创造的美好今天，接好祖国母亲建设的重担，牢记初心，砥砺前行。

结束语：

小时候，总想着远离父母，仗剑走天涯；长大后，才会发现，最让人心安的莫过于叫一声"妈妈"能得到回应。因为有母亲在，我们永远可以肆无忌惮地做个撒娇的孩子。母亲宽容，她包容我们的淘气任性；母亲温柔，她抚慰我们的疲惫心灵。她会在我们离家时，偷偷抹泪，却默默收拾行囊；她会在我们归来时，张开怀抱，抚平我们的伤痕。"母亲，是一篇总也读不完、放不下的美好故事。"今天，就让我们把最动听的话说给她听，把最真挚的爱与思念献给母亲！

拓展延伸：

学生课后搜集母亲的照片或视频，撰写文案，设计脚本，利用计算机应用的专业特长，制作母亲节主题短视频，作为送给母亲的节日礼物。学生也可以将作品上传到短视频平台，以此来呼吁更多的人以感恩之心铭记母亲节的意义。

教育反思

感恩教育需要长期、坚持不懈地开展，需要每一位老师、每一位家长的参与，需要我们把这种"理所当然"转化为"知恩图报"，只有这样，才能让感恩教育走得长远。母亲节既赞扬着母亲为人母的责任和担当，同时也折射出人性之中应被发扬和传承的"善"的精神魅力。通过开展母亲节主题班会，改善青春期学生与父母的关系，提升班级的凝聚力与亲和力，在良好的家庭氛围、师生关系和家校协作的基础上更加顺畅地开展班级建设。

第二十三课　阳光心灵，自信人生

——5月25日全国大学生心理健康日

全国大学生心理健康日

图23-1

　　青春期是人生中最宝贵的时期，同时也是心理发展的关键期。这个时期学生的心理和身体迅猛发育，自我意识强但不稳定，情感世界丰富而不安定，可能会出现各种各样的心理问题和心理困扰，影响着心理健康发展。为了让更多人关爱自我，接纳自己，同时关注自己的心理健康，提高自身心理素质，2000年，北京师范大学开办了"5·25全国大学生心理健康节"。健康节取"5·25"的谐音"我爱我"，意为关爱自我的心理成长和健康。2004年，教育部、团中央、全国学联办公室向全国大学生发出倡议，把每年的5月25日确定为"全国大学生心理健康日"。

教育构思

教育背景：

教育部高度重视中小学生心理健康教育，将其作为中小学教育工作的重要内容。学校要积极开展心理健康宣传活动，不断丰富心理健康教育的形式和内容，教育和引导广大中小学生树立正确的人生观、价值观、世界观。2002年8月1日，教育部印发《中小学心理健康教育指导纲要》，指出心理健康教育是提高中小学生心理素质的教育，是实施素质教育的重要内容。2012年12月7日，教育部印发《中小学心理健康教育指导纲要（2012年修订）》，强调在中小学开展心理健康教育是学生身心健康成长的需要，是全面推进素质教育的必然要求。2021年7月7日，教育部办公厅《关于加强学生心理健康管理工作的通知》指出，要进一步提高学生心理健康工作针对性和有效性，切实加强专业支撑和科学管理，着力提升学生心理健康素养。

班情分析：

授课对象为中职现代家政服务与管理专业一年级学生。在以成绩为导向的初中阶段，他们是班级里成绩处于中下游水平的学生，自信心受到了严重打击，有着不同程度的自卑倾向。但是学生思维较为活跃，具备独立分析问题的能力和合作解决问题的能力，以及提升个人自信的愿望。通过引导，他们可以了解自身不自信的原因，明白自信的重要性。

教育目标：

认知目标：了解心理健康的概念，理解心理健康的内涵，掌握预防心理疾病的方法。

情感目标：客观地认识自我、悦纳自我，发现自己的闪光点，培养自信、乐观、阳光的心态。

行为目标：找到建立自信的方法和途径，构建积极、乐观、自信的生活、学习方式，学会用自信的态度面对人生，迎接挑战。

教育方法：

知识讲授法、小组讨论法、榜样熏陶法、测评调查法、合作互助法。

设计意图：本节班会以促进学生心理健康为根本，依据"知、情、意、行"的德育教育原则，设计了"树立健康理念""关注心理成长""建立自信通道""拥抱阳光心态"四个环节，引导学生树立心理健康意识，提升心理健康素质，培养自信乐观、健康向上的心理品质。

活动准备：

1.教师准备

（1）下载短视频《心理健康的标准》《什么是自信》。

（2）打印心理测评调查问卷《自信程度测试》。

（3）下载动画视频《礼物》。

2.学生准备

（1）一组学生搜集心理健康日的资料，二组学生搜集心理健康的知识，三组学生搜集预防心理疾病的方法，四组学生搜集展示自信力量的故事。

（2）排演手语操《我真的很不错》。

教育过程

暖场活动：优点轰炸

活动规则：各小组围坐成一个圈，从第一个学生开始，小组其他成员轮流说出该学生的优点，该学生要记录下同组同学所说优点的关键词，然后大家再讲述第二个学生的优点，直至全部成员轮完一圈。

注意：小组成员发言要有秩序，不发言的成员要认真听别人的发言；在别人讲述优点时，只要听，不必表示感谢，也不可因为别人叙述不够准确而做出不应有的行为。通过"优点轰炸"提高个人自尊和自信，创建和谐的课堂氛围。

第一环节：树立健康理念

活动1：了解心理健康日的由来。一组学生分享全国大学生心理健康日的源起与内涵，让学生了解该节日的宗旨和目的，认识到心理健康已经得到全社会的重视。

分享内容：

为引导大学生关注自身的心理健康，2000年"5·25全国大学生心理健康节"在北京师范大学拉开帷幕。健康节取"5·25"的谐音"我爱我"，意为关爱自我的心理健康与成长，口号为"我爱我——走出心灵的孤岛"。2004年，教育部、团中央、全国学联办公室向全国大学生发出倡议，把每年的5月25日确定为全国大学生心理健康日。

之所以选择5月25日作为心理健康日，首先，5月4日是五四青年节，长久以来，5月本身就被人们赋予了和年轻人一样的活力和激情。其次，鉴于现在的大学生缺乏对心理健康知识的了解，由此导致缺乏对自己心理问题的认识，所以"心理健康日"活动就是要提倡大学生爱自己，珍爱自己的生命，把握实现自我的机会，为自己创造更好的成才之路，并由珍爱自己发展到关爱他人、关爱社会，让心灵充满阳光。

活动2：了解心理健康的内涵。二组学生分享心理健康的含义，让学生关注并重视个体心理健康。

分享内容：

心理健康是相对于生理健康而言的，心理健康也叫心理卫生。其含义主要包括两个方面：一是指心理健康的状态，即没有心理疾病，心理功能良好。就是说能以正常稳定的心理状态和积极有效的心理活动，面对现实的、发展变化着的自然环境、社会环境和自身内在的心理环境，具有良好的调控能力、适应能力，保持切实有效的功能状态。二是指维护心理的健康状态，即有目的、有意识、积极、自觉地按照个体不同年龄阶段身心发展的规律和特点，遵循相应的原则，有针对性地采取各种有效的方法和措施，营造良好的家庭环境、学校环境和社会环境，通过各种形式的宣传、教育和训练，以求预防心理疾病，提高心理素质，维护和促进心理活动良好的功能状态。

活动3：了解预防心理疾病的方法。三组学生分享预防心理疾病的方法，让学生自我对照反思，并能运用这些方法积极地开展自我调适。

分享内容：

（1）培养乐观、豁达、开朗的性格。

（2）培养坚强的意志品格。

（3）提高自己的心理抗压能力。

（4）处理好日常的人际关系。

（5）调整自己的不良情绪。

（6）多向可以信赖的人倾诉。

（7）向心理医生寻求帮助。

设计意图：通过分享心理健康日的由来以及心理健康的基本常识，普及心理健康知识，让学生了解心理调节方法，树立心理健康意识，掌握心理保健常识和技能。

第二环节：关注心理成长

活动1：了解自信的意义。恰当的自信是心理健康的重要标志之一，也是获得成功的重要保障。班主任播放短视频《心理健康的标准》，学生小组讨论自信对于心理健康的意义，并由小组代表发表观点。

分享内容：

什么样的人心理才算是健康的，或者说心理健康的标准是什么？对此美国心理学家科胡特给出了非常简明的答案——自信而热情。当活力能滋养自己时，就是自信；当活力能滋养客体时，就是热情。同样，这一点也可以成为具有安全感的标准。当一个人对自己有自信、对世界有热情时，他不但拥有稳定的安全感，同时也能够拥抱变化；当一个人畏惧变化时，也就意味着他是缺乏自信的。

活动2：了解自信的内涵。自信是个体形成健全人格的前提和基础，也是人格成熟的重要标志。班主任播放短视频《什么是自信》，让学生正确区分自信与他信，找到建立自信的方法。

分享内容：

自信，是一种对自己素质、能力做积极评价的稳定的心理状态，即相信自己有能力实现自己既定目标的心理倾向，通俗来讲，就是自己相信自己。现在很多人的所谓自信，就是他人相信我、他人觉得我好、他人觉得我厉害，我才自信，这个不叫自信。因为你们信我所以我才相信我自己，这叫他信。真正的自信是他人觉得我不好，可是我了解我自己，我知道我自己有几斤几两重，即使别人把我贬得很低，我知道我的分量还是没变，我还是有非常闪光的地方。所以真正的自信的源头是自己，做你自己才能够真正地自信，你喜欢你自己才能够有真正的自信。

活动3：了解自信的力量。四组学生分享著名指挥家的自信故事，让学生体会通过知识经验积累可以获得自信，并帮助自己在事业上获得成功。

分享内容：

泽太郎（化名）是一名出色的指挥家。在一次音乐指挥家大赛中，他按照评委会给的乐谱指挥演奏时，发现有几处不和谐的地方。开始，他以为乐队演奏错了，便停下来让乐队重奏，结果依然如故。这时，在场的作曲家和评委郑重申明：乐谱没有问题。面对多位权威人士，泽太郎思考片刻，大吼一声："不，一定是乐谱错了！"话音刚落，评判席上立即响起了热烈的掌声。原来，这是评委精心设计的一个"圈套"。前两名参赛者就是因为盲从权威而被淘汰了。泽太郎终于夺得大赛的桂冠。

设计意图：通过了解自信的意义、内涵及力量，让学生充分认识到自信的重要性，并激发学生想要提升自信的意志。

第三环节：建立自信通道

活动1：开启自信测评。班主任发放纸质心理测评调查问卷《自信程度测试（艾森克威尔逊原版）》，学生当堂完成问卷，并依据测评结果了解自己的自信程度，明确自身需要改进提高的方面。

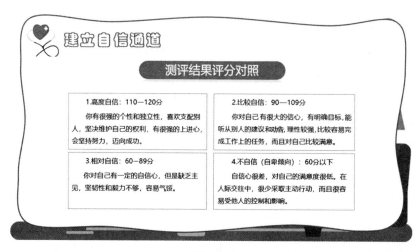

图23-2

活动2：寻找自信支点。班主任重新划分四个小组后，让各小组围坐成圈，给每个学生发放一张A4纸表格，请他们写上自己的名字，然后完成自我评价和他人评价。

评价方法：

每位同学根据自我认知以及暖场活动中组员提出的优点，把自己的优点依次填在A4纸表格中，然后传给下一位同学，第二位同学根据自己对第一位同学的了解，将认同的优点画钩，不认同的优点画三角，然后再将自己认为的第一位同学的其他优点补充在表格下面，完成后传递给第三位同学，直到这张表格再回到第一位同学手中。第一位同学审视别人对自己的评价，认同的画钩，不认同的画三角。对于自己认可而别人不认可的优点要反思并改进，对于别人认可而自己不认可的优点要关注并发展，对于自己和其他同学都认可的优点要保持并发扬。

活动3：讨论自信途径。班主任提出问题：如何提升自信？各小组展开讨论，分享自己提升自信的方法，或者自己所知道的提升自信的途径，由小组代表发表观点。

设计意图：通过自信测评问卷，让学生客观地了解自己的自信状态，明确自身需要改进提升的地方。通过理性优点轰炸，让学生真实地评价自我和他人，明确自身需要保持和发扬的优点。通过交流讨论，让学生找到提升自信的方法和途径，从而建立自信的信念。

第四环节：拥抱阳光心态

活动1：学会接纳自己。心理健康的第一条标准就是认识自我，接纳自我，能体验到自己存在的价值，乐观自信。班主任播放动画短片《礼物》：一个腿部残疾的小男孩沉迷于网络游戏，妈妈回家时带给他一个礼物——一只腿部有残疾的小狗。小狗乐观地玩耍，跌倒、爬起、跌倒、爬起，正视自己，接受自己，爱自己。或许小狗跌跌撞撞的样子感动了小男孩，小男孩站起来，打开房门，走向阳光明媚的户外。学生表达观后感。

活动2：齐做手语操。班主任播放手语操视频《我真的很不错》，请全体学生起立，围成一个大的U形，学生之间保持一定的距离，方便舒展四肢，同时可以看清屏幕上的示范，力求把动作做到位，享受彼此激励的快乐。手语操结束后，要大声地喊出："我真的很不错！"

设计意图：通过《礼物》视频，启发学生培养积极、乐观、自信的生活态度，要敢于直面挫折，勇于迎接挑战。通过手语操，激发学生的内在自信心，帮助学生坚定意志力。

结束语：

心灵创伤、缺乏关爱等，都有可能导致心理亚健康。如果这种心理状态长期得不到合理的调节和改善，最终可能出现难以预料的后果。我们要关注心理健康，积极调整心态，试着给自己的心灵减压。翩翩少年，来日方长，未来可期！我们的精彩人生路刚刚开始，要保持健康的心理状态、积极向上的精神风貌，关爱他人、团结同学，以战胜一切的心态昂首前行！

拓展延伸：

在班级内开展21天提升自信计划，请每个学生结合本节课上对自我的认知写下自身现状分析，包括优势和不足两个方面，然后根据自身情况列出实施方案。对于通过自身努力无法克服的心理压力，学生可以寻求心理老师的帮助，借助专业的心理咨询解决症结，从而改进自身的行为以及自我评价。

（教育反思）

本次班会聚焦中学生的心理健康，用小故事解读大道理，用小切口反映大主题。首先给学生建立心理健康的概念，让学生认识到心理健康和身体健康应该一样受重视，都是不可忽视的重要方面。然后以通俗易懂的方式阐释自信对心理健康的重要性，让学生找到护佑心理健康的发力点。再引导学生通过合作互助找到建立自信的通道，从而确立正确的自我意识，培养健全的人格和良好的个性心理品质。

附：《自信度测试》

下面的测试题是由英国著名心理学家艾森克威尔逊在经过大量的实验后总结出来的自信度测试题，可以让你了解自己的信心如何，请在所列的被选答案中选择出最符合你自己的一项，然后将后面对应的分值加起来，并根据评分结果进行自我分析。

1. 如果不赞成你朋友的举动，你会找出理由来反对吗？

A. 找出绝妙的理由反对。（3分）

B. 不找理由而听之任之。（1分）

C. 虽然反对，但没有强有力的证据。（2分）

D. 一定要反对，不管对方的举动如何。（4分）

2. 你总是不顾他人的反对而坚持自己的意见吗？

A. 以为自己总是对的，拒绝他人的意见。（4分）

B. 如果别人有道理，可以放弃自己的主张。（3分）

C. 只要有人反对，立即放弃自己的主张。（1分）

3. 如果有人排队时加塞，你会制止吗？

A. 不会，随他去。（1分）

B. 会，义正词严地制止。（4分）

C. 如果别人制止，自己也可能会出来制止，但自己不会是第一个。（3分）

4. 因为办公室的同事吸烟而感到不快，你会请他不要吸了吗？

A. 会，而且还要给他讲吸烟的害处。（4分）

B. 不会，自己忍受。（1分）

C. 不会，但自己会到别处去。（2分）

D. 不会，但会以其他言行表示出自己的不满，比如在大冬天开窗户通风等。（3分）

5. 在争辩中你是否据理力争，从不肯让步？

A. 从不让步，无条件地。（4分）

B. 让步，无条件地。（1分）

C. 如果对方有理，让步。（3分）

6. 是否认为应该为自己的权利而进行斗争，否则你会失去所有的权利？

A. 会斗争，并且带领其他人一同斗争。（4分）

B. 不斗争，因为从不会有希望获胜。（1分）

C. 如果有人领导，会参与斗争。（3分）

7. 在电视上看到一种新产品的广告，你会不会购买这种新产品？

A. 立即购买。（1分）

B. 广告是骗人的，不去买。（4分）

C. 只有免费试用后才决定买不买。（3分）

D. 等家里同类产品用完后再去买来试用。（2分）

8. 在大会上表达自己的见解和主张时，你是否总是用十分自信的口气？

A. 总是。（4分）

B. 从来没有，而是词不达意，结结巴巴。（1分）

C. 视听众的反应，如果听众反应积极，会很自信，否则会很慌乱。（2分）

9. 在一次班会上，老师要求每个人进行自我评价，你对自己的评价是哪一种？

A. 我相信自己是最好的，对自己非常满意。（4分）

B. 我已尽了最大的努力，对自己很满意。（3分）

C. 我尽了那么大努力，还只是刚合格。（2分）

D. 我比别人都不如。（1分）

10. 如何度过周末或节假日？

A. 主动约朋友一起出去玩。（4分）

B. 一个人待在家里。（1分）

C. 如果不忙，可以接受朋友的约会。（2分）

11. 碰到一件很麻烦的事情，会不会坚持将它做完？

A. 无论如何也要做完，不惜任何代价。（4分）

B. 尽了最大努力，即使没有做完也可以放弃。（2分）

C. 稍遇到麻烦就放弃。（1分）

12. 在朋友聚会时，有人送烟给你抽，而你平时不抽烟的，那么你会不会接受？

A. 坚持不抽。（4分）

B. 不好回绝，只好抽了。（1分）

C. 视场合而定。（2分）

13. 有一天发高烧，做了一些可怕的噩梦，醒来后你会怎么样？

A. 以为自己一定会死，害怕得哭起来。（1分）

B. 不过是梦，退烧后就没事了。（4分）

C. 一会儿担心，一会儿不担心。（2分）

14. 别人在背后造你的谣，引起周围人对你的误解，你知道此事后会怎么样？

A. 不理会，仍干自己的事。（1分）

B. 找造谣者算账。（3分）

C. 向别人解释。（2分）

D. 反攻造谣者。（4分）

15. 是否屈服于权势？

A. 不会。（4分）

B. 会。（1分）

16. 是否经常对自己的道德行为规范提出怀疑？

A. 从来不会。（4分）

B. 经常会。（1分）

C. 有时会。（2分）

17. 在剧场中，有一对青年男女在低声交谈而影响了你的欣赏，你会怎么做？

A. 换位置。（1分）

B. 打断他们的谈话。（4分）

C. 请剧场管理员来制止他们。（3分）

18. 与别人一起玩或工作时，通常都是由你拿主意或是做决定吗？

A. 通常都是自己做主。（4分）

B. 自己总是听他人的。（1分）

C. 有时自己做主，有时听他人的。（2分）

19. 在餐厅就餐，但餐厅的服务不周，你是宁愿凑合，还是提出来？

A. 凑合。（1分）

B. 提出意见。（4分）

C. 别人提，自己表示赞同。（2分）

20. 愿意在幕后操控，还是喜欢抛头露面？

A. 幕后操控。（2分）

B. 抛头露面。（4分）

21. 当事情出了差错时，你总是责备他人吗？

A. 总是责备他人。（4分）

B. 总是责备自己。（1分）

C. 分清责任。（2分）

22. 参加面试时，你对自己的外表感觉如何？

A. 很满意。（4分）

B. 总觉得不得体。（1分）

C. 如果面试官总盯着你，你会感觉自己的穿着打扮可能不合适。（2分）

23. 有人赞赏你穿了一件很漂亮的衣服时，会怎么回答对方？

A. 谢谢。（4分）

B. 哪里，凑合而已。（2分）

C. 难看死了。（1分）

24. 你的上司犯了错误，你会纠正他吗？

A. 向他暗示，不明着纠正。（3分）

B. 立即纠正。（4分）

C. 不纠正。（1分）

25. 和上级领导谈话时，你的眼睛会看他吗？

A. 不会，而是左顾右盼。（1分）

B. 看，表情自然，语言得体。（4分）

C. 看完后立即低下头。（2分）

26. 你的高中同学当了一个公司的经理，你会有什么反应？

A. 为他的成功高兴。（3分）

B. 为自己没有他成功而生气。（2分）

C. 认为他只不过运气好。（1分）

D. 激励自己向前。（4分）

27. 如果认为自己是正确的，那么是不是一定要争个明白？

A. 是，会继续坚持自己的观点。（4分）

B. 争明白即可。（2分）

C. 只要自己知道就行了，不与他人争论。（1分）

28. 别人在背后议论你时，你会怎么办？

A. 打听他们说什么。（1分）

B. 任他们说去。（2分）

C. 不管三七二十一，和他们争吵一番。（4分）

29. 你是否宁愿受人摆布，听命于人，也不愿意向别人发号施令？

A. 听人摆布。（1分）

B. 发号施令。（4分）

30. 听讲座时，你一般坐在哪个地方？

A. 最前排，并与主持人交谈。（4分）

B. 中间靠前。（3分）

C. 最后面。（1分）

D. 中间靠右。（2分）

测评结果评分对照：

高度自信：110～120分

你有很强的个性和独立性，喜欢支配别人，坚决维护自己的权利，有时甚至会盛气凌人、刚愎自用，听不进他人的劝告。当然，你也有很强的上进心，会坚持努力，迈向成功。

建议：你应适当反省自己，不要拒绝任何人的意见和建议，否则你会受到意想不到的挫折。

比较自信：90～109分

你对自己有很大的信心，有明确目标，能够听从别人的建议和劝告，理性较强，因而比较容易完成工作上的任务，而且对自己比较满意。

相对自信：60～89分

你对自己有一定的自信心，但是缺乏主见，坚韧性和毅力不够，容易气馁。

建议：这些都需要克服。

不自信（自卑倾向）：60分以下

自信心很差，对自己的满意度很低。在人际交往中，很少采取主动行动，而且很容易受他人的控制和影响。在生活和工作中也没有明确的目标，得过且过。

建议：你应该立即改变自己，需要找心理医生咨询并进行信心的培养，多与朋友、亲人谈心，平时做些比较容易获得成功的事情，以增强你的成就感和自信心。

第二十四课　品味端午，粽情粽义

——农历五月初五端午节

节日简介

端午节

图24-1

　　端午节，又称端阳节、重午节等，是中国民间传统节日。因传说战国时期的楚国诗人屈原在五月五日跳汨罗江自尽，人们也将端午节作为纪念屈原的节日。过端午节，是中国人两千多年来的传统习俗，由于我国民族众多，各地也有着不尽相同的习俗，但主要有：赛龙舟、饮用雄黄酒、吃粽子等。由于端午节有着悠久的历史渊源、深厚的文化内涵和丰富的民俗活动，因而成了我国人民群众普遍重视的传统节日。同时端午节又有祭祀伟大爱国诗人屈原的纪念意义，有利于弘扬爱国主义精神。自2008年开始，端午节被列为我国法定节假日。

教育构思

教育背景：

2009年9月，联合国教科文组织保护非物质文化遗产政府间委员会第四次会议，审议并批准了中国端午节列入《人类非物质文化遗产代表作名录》，这是中国首个入选世界非遗的节日。《中等职业学校德育大纲（2014年版）》中指出，中等职业学校德育内容之一是中国精神教育，中华优秀传统文化教育是其重要组成部分。端午节文化作为中华优秀传统文化的瑰宝，其中蕴含了中华民族传承千年的传统和精神。中职生作为重要的社会成员，是国家和民族的希望，是端午节文化未来的传承与弘扬者。

班情分析：

授课对象为中职学前教育专业一年级学生。经过小学、初中阶段对屈原文学作品的学习以及每年感受端午佳节的庆祝活动，他们对端午节已经有了一定的了解，但大多是停留在吃粽子、赛龙舟等常见习俗层面，缺乏对端午节蕴含的民族精神和人文内涵的深入理解，因此，需要教师进行正确引导，让学生身体力行地继承和弘扬端午文化，为今后将优秀的中华传统文化传承给下一代打下良好基础。

教育目标：

认知目标：了解端午节的来历和习俗，品读端午文学作品，明确端午节的重要内涵和意义。

情感目标：激发对端午节的浓厚兴趣和对中华优秀传统文化的探索热情，增强文化自信。

行为目标：主动探索、继承和弘扬中华优秀传统文化的精神内涵并实践。

教育方法：

情感陶冶法、比拼竞争法、合作讨论法、行动体验法。

设计意图： 根据朱小蔓教授的"情感教育论"和学生品德形成规律，通过讨论、分享等方式丰富学生的情感体验，引导学生开展以下三个环节的活动："追根溯源忆端午""诗词歌赋话端午""巧手传承品端午"，让学生深切感知端午文化，增强对中华优秀传统文化的浓厚兴趣，进而增强文化自信。

活动准备：

1. 教师准备

（1）准备一组与端午节有关的谜语。

（2）制作体现端午节文化价值的课件。

（3）准备多管彩色丝线。

（4）准备诗朗诵《念屈原》的视频。

2. 学生准备

（1）一组学生负责搜集端午节的由来，二组学生负责搜集端午节的习俗，三组学生负责搜集端午节的诗词，四组学生负责剪辑央视新闻视频《赏民俗，品文化》。

（2）每个小组准备一首跟端午节有关的诗词和古风配乐，小组成员合理分工排演朗诵。

教育过程

暖场活动：谜语竞猜

活动规则：学生分为四个小组，班主任用PPT展示跟端午节有关的谜语，小组抢答，优胜者积分。获胜小组每人获得一条班主任亲手制作的五彩丝绳，在热烈活跃的氛围中引入本次班会的主题——品味端午，粽情粽义。

谜语内容：

1. 雄黄酒下肚，龙舟顺水出。　　　　　　　　　　　　谜底：端午节

2. 洗个艾叶澡，酸痛全跑了。　　　　　　　　　　　　谜底：端午节

3. 两片绿叶把米装，小绳一绑真漂亮。　　　　　　　　谜底：粽子

4. 三角四楼房，珍珠里面藏；想吃珍珠肉，解带脱衣裳。　谜底：粽子

第一环节：追根溯源忆端午

活动1：了解端午节的由来。端午节是我国的四大传统节日之一，有着悠久的历史渊源，在各种源起中，纪念屈原说是流传最广的。由一组学生展示屈原与端午节的历史渊源。

演示内容：

纪念屈原说——屈原是战国时期楚国诗人、政治家，少年时受过良好的教育，博闻强识，志向远大。史料记载，屈原20多岁就官拜副相，他倡导举贤授

能，富国强兵，力主联齐抗秦，却遭到贵族子兰等人的强烈反对，遭谗去职，被赶出都城。他在流放中写下了忧国忧民的《离骚》《天问》《九歌》等不朽诗篇，影响深远。当屈原听到秦军攻破楚国都城的消息后，悲愤交加，心如刀割，于五月五日毅然写下绝笔《怀沙》，抱石投入汨罗江，以自己的生命谱写了一曲壮丽的爱国主义乐章。众人痛惜万分，每年的五月初五都要祭奠屈原，成为中华民族两千多年的习俗。在初唐时期，全国各地就统一纪念屈原，他的政治理想、诗性智慧以及高尚的道德品质足以使他独任端午节的主角。

活动2：熟悉端午节的习俗。端午节是深受中国人喜爱的一个节日，很多庆祝活动不仅富有文化传承，还与身心健康和卫生防疫相关，请二组学生用PPT展示端午节的各种习俗文化。

演示内容：

1. 赛龙舟

赛龙舟是端午节的主要习俗，相传贤臣屈原投江之后，许多人借划龙舟驱散江中之鱼，以免鱼吃掉屈原的身体，之后每年五月五日都要划龙舟以纪念之。赛龙舟又称龙舟竞渡、划龙船、龙船赛会等，是中国历史上一种具有浓郁传统民俗文化色彩的群众性娱乐活动，既可以激发斗志，又能强身健体。随着地球村的建设，赛龙舟已逐渐发展成为世界性竞技运动。

2. 食粽子

据记载，早在春秋时期，用茭白叶包黍米成牛角状称"角黍"，用竹筒装米密封烤熟称"筒粽"。晋代，粽子被正式定为端午节食品。包粽子的原料除糯米外，还添加中药益智仁，煮熟的粽子称"益智粽"。直到今天，每年端午，中国百姓大都要浸糯米、洗粽叶、包粽子、吃粽子。千百年来，吃粽子的风俗在中国盛行不衰，而且流传到朝鲜、日本及东南亚诸国。

3. 悬艾草

民谚说："清明插柳，端午插艾。"每逢端午节，家家都洒扫庭除，将艾草绑成一束，然后插在门楣上，或是在门楣两端分别插上一根艾草。古代妇人也会用艾叶、菖蒲、榴花、蒜头、龙船花等制成花环、佩饰，用以驱瘴。古人插艾是有一定防病作用的，艾草所产生的奇特芳香可驱蚊蝇、虫蚁，净化空气，所以端午节也是自古相传的"卫生节"。

4. 拴丝线

中国古代崇拜五色，以五色为吉祥色。应劭《风俗通》记载："五月五日，以五彩丝系臂，名长命缕——命人不病瘟。"端午节清晨，各家大人起床后第一件大事，便是在孩子手腕、脚腕、脖子上拴五色线。据说，戴五色线的儿童可以避开蛇蝎类毒虫的伤害，在夏季第一场大雨或第一次洗澡时抛到河里，意味着让河水将瘟疫、疾病冲走，儿童由此可以保安康。

5. 佩香囊

端午节小孩佩香囊，传说有避邪驱瘟之意，实际是用于襟头点缀装饰。陈示靓的《岁时广记》记载："端五日以蚌粉纳帛中，缀之以绵，若数珠。令小儿带之以吸汗也。"这些随身携带的袋囊其内容物几经变化，从吸汗的蚌粉、驱邪的灵符、辟虫的雄黄粉，发展成装有香料的香囊，制作也日趋精致，成为端午节特有的民间工艺品。

设计意图：本环节主要让学生了解端午与屈原的渊源联系，介绍端午的主要习俗，让学生感知端午节所蕴含的丰富的历史底蕴和所传递的家庭温情，追念历史先贤和激扬民族精神。

第二环节：诗词歌赋话端午

活动1：欣赏端午节的诗词。四个小组分别到台前分享课前排演的端午诗词，首先由一名学生进行诗配乐朗诵，然后其他三个小组的学生抢答诗词中所包含的端午习俗，最后再由另一名学生进行诗词寓意解析。活动结束后，班主任根据抢答正确率给小组计分，获得第一名的小组成员每人奖励一个班主任亲手包的蜜粽。

设计意图：以小组竞赛的形式进行诗词鉴赏，是为了提高学生参加活动的积极性，在活跃的氛围中感受端午文化的源远流长，从而让端午文化更好地传承下去。

活动2：探析端午节的文化价值。端午节在荆楚地区是仅次于春节的隆重节日，它的起源和流变过程较之任何一个节日都要复杂，班主任用课件展示端午节在历史发展变化中的文化意义。

展示内容：

1. 直观形象的文字源起

《说文解字·卷七·耑部》："耑，物初生之题也。上象生形，下象其根也。"古代"耑"字的写法，中间的一横象征地面，上面像生的形态，下面就像根须。农历五月时节，植物的茎和叶都努力地向上长，植物的根则拼命地向下扎，跟端字的形象不谋而合。所以，古人习惯把五月的前几天缀以"端"来称呼。根据干支历，按十二地支顺序推算，第五个月即"午月"，第五日即为"午日"，因此，"端五"就演变成了"端午"。

2. 天人合一的文化理念

中国传统节日根源于中国古代农耕文化，许多节日都是根据自然时令的变化而定的。端午节又叫端阳节，它是根据阴阳二气的变化。端阳者，阳气之端点也。这就是说它是阳气最盛、阴气即将回升的时候，这个转折点就是夏至。端午是崇拜阴性之物以达到阴阳平衡，赛龙舟与水有关，水为阴性即是明证，这体现了中国人的生存智慧。

3. 积极向上的价值追求

中国传统节日向来就有缅怀先贤的传统，代表中国人的精神追求、价值追求、道德追求。从端午祭拜的人物看，目前影响最大的还是屈原。千百年来，屈原的爱国精神和感人诗篇最为深入人心，他虽遭奸臣陷害，但宁折不弯，依然追求自己的理想——"路漫漫其修远兮，吾将上下而求索"。屈原的伟大在于他高洁的人格，后世的志士仁人无不以屈原为精神高标而身体力行。

4. 美好生活的强烈愿望

中国人在节日里的许多活动都表达了对风调雨顺、生命健康、社会和谐的强烈愿望。端午节采粽叶、包粽子体现了人们对植物的崇拜。划龙舟最初也是通过祭祀龙图腾以祈求避免常见的水旱之灾。喝雄黄酒、菖蒲酒具有强身健体之作用，民间谚语就有"喝了雄黄酒，百病远远走"。佩五彩丝为的是辟邪驱瘟、保佑安康、延年益寿。

设计意图：通过赏析端午节诗词、探析端午节文化价值，体现端午节中蕴含的中国智慧，让学生深入了解端午节的文化意境和蕴含的哲理，理解中国传统节日中所蕴含的文化内核，真正走进中华传统文化。

第三环节：巧手传承品端午

活动1：大家谈感受。由四组学生播放央视新闻视频《赏民俗，品文化》，品味传统节庆的文化韵味。班主任提问：作为青少年，同学们应该如何传播和创新端午文化呢？小组讨论后，由各组派代表发表观点。

03 巧手传承品端午

赏民俗，品文化

端午节是中国的四大传统节日之一，承载着丰富而深厚的传统文化。传承好端午文化就是延续中华文化的文脉，对推进中华文化的繁荣发展有着重要意义。

但是传承端午文化，并不仅是挂艾草、拴五色丝线、佩香囊、赛龙舟等传统的习俗和活动，还要不断创新传承方式，让传统端午文化有更多现代表达。

作为青少年，同学们应该如何传播和创新端午文化呢？

图24-2

活动2：编织五彩绳。班主任给每个小组发放五种颜色的丝线，现场演示编手绳的方法。学生动手尝试自己编织彩绳，完成后拍照上传到班级家长群，向家长展示编织成果。

活动3：诗歌齐诵读。全班学生跟随视频的配乐，一起朗诵诗歌《念屈原》。

设计意图：围绕谈感受、编手绳、齐诵读等小活动，引导学生从关注节日内涵本身延伸到节日习俗传承的重点，从而在实践和对现实的思考过程中，感受节日习俗的传承的重要性，提升学生对传统节日文化的关注度，加强其对传承中华文化的思考。

结束语：

龙舟竞逐，艾草幽香——端午节，古老而传统的节日，连同一份迎福纳祥的朴素愿望，伴着乡外游子的缕缕乡愁，全都融入了浓浓的端午粽香。这缕端午的粽香，飘扬了千年。作为中华传统文化的重要载体，古老的端午节庆延续千年，沉淀出丰厚的文化内涵，为中华民族生生不息、发展壮大提供了丰厚滋养。我们中职生作为新时代青年的重要力量，在充分感受中华文化展现出的魅力与时代风采的同时，要把传承民族文化作为自己的责任，使中华优秀传统文化在继承和创新中得到充分弘扬。

拓展延伸：

以小组为单位参加"端午文化推广者"评选活动，结合本节课学习的端午知识，组内讨论确定端午文化推广的创新形式，并限定在一周内完成创意制作，可以采用手抄报、视频、绘画等各种形式，完成后上传至网络平台，通过网络投票评选出最佳创意小组。通过学生的创新思维为非遗文化加入新的时尚元素，让端午文化不断传承发展。

教育反思

本次主题班会通过一系列环环相扣的教育活动，让学生认识端午佳节、热爱端午文化、传承端午习俗，让学生参与搜集端午的传统文化习俗，让学生了解端午节所蕴含的文化深蕴，让学生认识到中华传统文化源远流长、博大精深，感受我国传统文化的魅力，激发学生的爱国热情和民族自豪感，在实际行动中传承端午文化。

附1：端午诗词

端午日

唐 殷尧藩

少年佳节倍多情，老去谁知感慨生。

不效艾符趋习俗，但祈蒲酒话升平。

鬓丝日日添头白，榴锦年年照眼明。

千载贤愚同瞬息，几人湮没几垂名。

浣溪沙·端午

宋 苏轼

轻汗微微透碧纨，明朝端午浴芳兰。流香涨腻满晴川。

彩线轻缠红玉臂，小符斜挂绿云鬟。佳人相见一千年。

小重山·端午

元 舒頔

碧艾香蒲处处忙。谁家儿共女，庆端阳。

细缠五色臂丝长。空惆怅，谁复吊沅湘。

往事莫论量。千年忠义气，日星光。离骚读罢总堪伤。

无人解，树转午阴凉。

七绝·屈原

毛泽东

屈子当年赋楚骚，

手中握有杀人刀。

艾萧太盛椒兰少，

一跃冲向万里涛。

附2：诵读内容

念屈原

杨小娟

你走了，在远方。

在离骚的魂魄里——

龙舟在飞飏，号角在吹响。

我也趁机打捞出美妙的词语。

奉献给你，

无论怎样努力，你已没有踪迹。

只有艾香菖蒲和一声声太息。

飘满城市和田野。

仿佛一夜之间，人民都带上佩剑。

跟忧伤的你，行走天涯……

百姓的屈子，中华的儿郎。

壮歌长剑，至今伫立江边。

你的名字，已从星光熄灭的背后，

呈现到太阳光芒万丈的那一边。

啊，五月的汨罗江哟。

两岸青山，波光粼粼，

一路向前。

第二十五课　垃圾分类，地球减负

——6月5日世界环境日

节日简介

世界环境日

图25-1

　　人与自然都是生态系统中不可或缺的重要组成部分，两者之间是相互依存、和谐相处、共同促进的关系。由于我们人类通过乱砍滥伐、竭泽而渔等不合理的方式追求发展，导致生态环境日益恶化，环境污染越来越严重。这一系列的环境问题受到了国际社会的广泛关注。为了让世界各国人民意识到环境问题的严重性，同时能够更合理地利用资源，提高环保意识，保护生态环境，守护我们共同的家园，1972年6月5日，联合国在瑞典首都斯德哥尔摩召开了联合国人类环境会议，会议通过了《人类环境宣言》，并提出将每年的6月5日定为

"世界环境日"。许多国家、团体和人民群众在世界环境日这一天，通过开展各种活动来宣传强调保护和改善人类环境的重要性。

教育构思

教育背景：

自2018年开始，教育部每年都开展"师生健康 中国健康"主题健康教育活动，要求"把开展'世界地球日''世界环境日'等重要时间节点活动纳入健康教育活动"，并"落实垃圾分类"。2018年1月23日，《教育部办公厅等六部门关于在学校推进生活垃圾分类管理工作的通知》中提到，要在各级各类学校实施生活垃圾分类管理，大力普及生活垃圾分类知识。

班情分析：

授课对象为中职物流服务与管理专业一年级学生，大部分学生家在农村，垃圾分类意识淡薄。在教室、宿舍和餐厅的日常卫生清扫中，发现很多学生存在垃圾随意投放现象。经问卷调查，还发现学生垃圾分类知识欠缺，需要进行知识学习和习惯养成。

教育目标：

认知目标：了解世界环境日的由来以及校园内生活垃圾的处理方式，学习正确的垃圾分类方法。

情感目标：认识垃圾分类投放对推进生态文明建设的重要意义，提高垃圾分类投放的积极性和主动性，树立环保意识。

行为目标：结合生活垃圾分类标准正确投放垃圾，并从身边小事做起，保护生态环境，为地球减负。

教育方法：

情景模拟法、合作探究法、比拼竞争法、榜样示范法、情感陶冶法。

设计意图：本次班会以习近平总书记关于垃圾分类的指示为依据，从中职一年级学生的实际问题出发，设计了环环相扣、形式丰富的四大环节，分别是："认识垃圾分类""了解现有弊端""学习正确投放""勇担环保使命"，引导学生逐步建立思想认同、情感认同、行为认同，培养垃圾分类的好习惯，为改善生活环境做努力，为绿色发展、可持续发展做贡献。

活动准备:

1. 教师准备

(1)下载视频短片《现有垃圾处理方式》《生活垃圾分类标准》。

(2)打印《生活垃圾分类指导手册》。

(3)准备垃圾桶模型以及24种生活垃圾卡片。

(4)下载视频短片《鲁家村的逆袭之路》。

2. 学生准备

(1)各小组根据班会主题设计组名和口号。

(2)一组负责搜集世界环境日的资料,二组负责采访校园内学生对垃圾分类的认知,三组负责采访校园垃圾清运工,四组排练情景剧《我摊上事儿了》。

教育过程

暖场活动:创意口号秀

活动规则:班主任介绍小组划分情况,并请各小组依次展示创意组名和口号。

展示内容:

一组:绿水青山组——绿水青山就是金山银山。

二组:草长莺飞组——草长莺飞二月天,拂堤杨柳醉春烟。

三组:碧海蓝天组——蓝蓝的天空,青青的湖水,绿绿的草原,这是我的家。

四组:江山如画组——江山如此多娇,引无数英雄竞折腰。

第一环节:认识垃圾分类

活动1:了解世界环境日的由来。绿水青山组分享世界环境日的发展历史和设立宗旨,让学生认识到关注环境、保护地球是全世界的共识。

分享内容:

20世纪60年代以来,世界范围内的环境污染与生态破坏日益严重,环境问题和环境保护逐渐为国际社会所关注。1972年6月5日,联合国在瑞典首都斯德哥尔摩举行第一次人类环境会议,通过了著名的《人类环境宣言》及保护全球环境的"行动计划",提出"为了这一代和将来世世代代保护和改善环境"的口号。这是人类历史上第一次在全世界范围内研究保护人类环境的会议,出席会议的1300名代表建议将大会开幕日定为"世界环境日"。同年，第27届联合国大会根据斯德哥尔摩会议的建议，决定成立联合国环境规划署，并确定每年的6月5日为世界环境日，以提醒全世界注意全球环境状况和人类活动对环境的危害，强调保护和改善人类环境的重要性。

活动2：学习垃圾分类基本知识。班主任提出垃圾分类是保护环境的重要举措，号召学生"为垃圾分家，给地球减负"，并介绍垃圾分类的定义和政策要求等内容。

分享内容：

2017年3月18日，国务院办公厅关于转发国家发展改革委、住房城乡建设部《生活垃圾分类制度实施方案》，要求在重点城市的城区范围内先行实施生活垃圾强制分类。垃圾分类是按一定规定或标准将垃圾分类储存、分类投放和分类搬运，从而转变成公共资源的一系列活动的总称。

设计意图：通过世界环境日的介绍，让学生了解世界各国对环境保护的重视，并且能够知道垃圾分类是环境保护的方式之一。通过对垃圾分类政策、知识的介绍，让学生认识到：垃圾分类就是新时尚。作为中职生，要追随这一时尚潮流，主动学习垃圾分类知识。

第二环节：了解现有弊端

活动1：认识垃圾分类认知现状。草长莺飞组播放校园随机采访的视频，采访内容包括校园、教室、宿舍每天产生的垃圾量以及垃圾种类，是否知晓垃圾分类方法以及垃圾的处理方式等。

活动2：了解校园垃圾处理现状。碧海蓝天组分享课前采访校园垃圾清运工的视频，采访内容包括每天清运垃圾的数量、垃圾的输送地以及处理方式等，学生分享观后感。

活动3：反思垃圾分类存在的问题。江山如画组表演情景剧《我摊上事儿了》，并提出问题：为什么两位游客会被罚款？学生回答问题并反思自身的垃圾分类意识和行为是否达标。

活动4：思辨垃圾处理现行方式。班主任播放视频短片《现有垃圾处理方式》，提出问题：填埋和焚烧两种垃圾处理方式分别存在哪些弊端？小组讨论并分享观点。

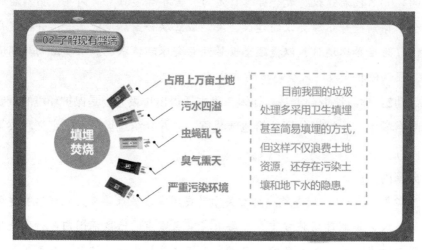

图25-2

视频内容:

2017年中国垃圾清运量达到了21521万吨,相当于2万座埃菲尔铁塔的重量总和。在不分类的情况下,如此巨量的垃圾,往往只有两种处理方式:填埋和焚烧。卫生填埋简单粗暴,是中国目前最主要的垃圾处理方式,但填埋不算是处理垃圾的好办法,因为它不仅浪费土地资源,还存在污染土壤和地下水的隐患。相对来讲,焚烧垃圾更加节约土地,也更加环保,但整个焚烧过程会先后产生渗滤液、烟气、灰渣等污染物和毒性气体,而且由于垃圾分类不到位,燃料中的有机物、水分和盐分含量往往偏高,燃烧的热值不够,导致焚烧发电效率很低,同时还会产生二次污染,增加处理成本。

设计意图:通过学生采访、垃圾清运工的一线视角、旅行途中的"天降罚单"等形式,让学生认识到自身的垃圾分类意识和行为尚未达标,有待学习提升。通过垃圾处理的视频短片,让学生深刻认识到现有垃圾处理方式存在占用土地、污染环境、浪费资源等弊端,进而明确垃圾分类投放势在必行、刻不容缓。

第三环节:学习正确投放

活动1:学习垃圾分类方法。班主任播放视频短片《生活垃圾分类标准》,让学生熟悉垃圾的四大分类及其各自包括的具体类别。

短片内容：

所谓垃圾分类，就是按照垃圾的不同成分、属性、利用价值以及对环境的影响，并根据不同处置方式的要求将垃圾分成不同的种类。根据我国制定的《城市生活垃圾分类标准》，生活垃圾一般可分为四大类：可回收垃圾、厨余垃圾、有毒有害垃圾和其他垃圾。

可回收垃圾指的是未污染的适宜回收和资源利用的生活垃圾。这里有两个关键词，一是未污染，二是适宜回收和资源利用。可回收物主要有以下几类：电器电子产品类、纸类、塑料类、玻璃类、金属类。

厨余垃圾指居民家庭生活中产生的易腐垃圾。主要包括剩菜、剩饭及烹饪过程中产生的菜帮菜叶、肉类鱼虾废弃部分、蛋壳等，还包括丢弃不用的剩菜、剩饭、果皮、茶渣等。

有毒有害垃圾指对人体健康或者自然环境造成直接或者潜在危害的生活垃圾。注意：危险废弃物禁止丢入有害垃圾桶内，可能会发生爆炸等事故。有害垃圾主要有以下几类：电池类、含汞类、废药类、油漆、废农药类。

其他垃圾指除可回收物、有害垃圾和厨余垃圾之外的其他生活垃圾。主要包括纸类、塑料类、玻璃类、金属类废弃物中不可回收的部分，纺织类、木竹类废弃物中不可回收的部分，灰土类、砖瓦陶瓷类废弃物、其他混合垃圾等。

活动2：实践垃圾分类方法。各小组根据刚才学习的内容，将24张卡片对应的生活垃圾分别放入对应的垃圾桶中，遇到疑难处可根据《生活垃圾分类指导手册》查询，班主任根据各小组完成的先后次序为其加分。

活动3：总结垃圾分类规律。

班主任展示垃圾分类口诀，请学生齐声诵读。

分享内容：

垃圾分类要做好，分门别类要记牢。

残羹剩饭瓜果皮，菜叶内脏进绿桶。

污染纸张旧陶瓷，宠物粪便进灰桶。

玻璃金属可乐瓶，纸盒塑料进蓝桶。

电池药物杀虫剂，日化用品进红桶。

红绿蓝灰要分清，文明行为在行动。

品质生活节节高，共建和谐文明校。

设计意图：通过观看短片，让学生从感观上初步了解常见生活垃圾的分类；通过模拟投放，让学生在实践中明确常见生活垃圾的分类；通过总结规律，让学生在自己的头脑中进一步深化认识，正确分类。

第四环节：勇担环保使命

活动1：感悟垃圾分类榜样力量。班主任播放视频短片《鲁家村的逆袭之路》，感悟农村开展垃圾分类工作取得的巨大成就。

内容概要：

2018年9月，裘丽琴登上联合国总部讲坛，讲述了鲁家村开展"千村示范、万村整治"工程和建设美丽乡村的动人故事，代表浙江万千乡村领取"地球卫士奖"。裘丽琴深情地说："15年前，我每天都要拎着满满的一桶脏水走到很远的地方去倒污水。当时，我家厨房没有排污水管，村里没有垃圾箱，河道受污染，又黑又臭。今天，习近平主席亲自推动的'千村示范、万村整治'工程使我们村庄变成一张靓丽的明信片。"这是一位农民对自身生活的观察，也是一位建设者对乡村变迁的见证。

15年前开启的"千村示范、万村整治"工程，拉开了美丽浙江建设的序幕，以垃圾处理、污水治理、卫生改厕、村庄绿化等为重点的环境整治陆续展开，农村面貌发生深刻变化，实现了从"千万工程"到美丽乡村，再到美丽浙江和大花园建设的跨越，万千乡村活力澎湃，成为农民宜居宜业的美好家园。

活动2：响应垃圾分类国家号召。班主任提出问题：习近平总书记指出，普遍推行垃圾分类制度，关系13亿多人生活环境改善，关系垃圾能不能减量化、资源化、无害化处理。作为物流服务与管理专业的学生，我们该如何落实并宣传垃圾分类？学生小组讨论并发表观点。

设计意图：通过观看鲁家村的发展变化，让学生领悟"绿水青山就是金山银山"的真谛，感悟垃圾分类带来的乡村变化以及带给人民的幸福感。通过总结收获，让学生明确自己对于环保事业的责任与义务，树立为绿色发展和可持续发展贡献力量的使命感。

结束语：

保护生态环境关系人民福祉，关乎民族未来。中华文明历来强调万物和谐，生息与共。当人类友好保护环境、合理利用自然时，自然当会慷慨回报；当人类无序开发、掠夺自然时，自然定会给以无情惩罚。近年来，由于对地球的不合理开发，人类已受到了大自然的种种威胁。保护生态环境，刻不容缓。让我们从点滴小事做起，从垃圾分类做起，保护美好环境，建设美丽中国！

拓展延伸：

学生以小组为单位绘制关于垃圾分类技巧的海报，张贴到学校宣传栏、各个班级和垃圾投放处，帮助更多学生了解垃圾分类并正确进行投放。联系学校环保社团，组织学生积极参加垃圾分类志愿服务活动，周末走进社区，宣传生活垃圾分类政策，并指导社区居民正确投放生活垃圾。

教育反思

本次主题班会结合班级的实际情况，以及当前习近平总书记关于思想政治理论课的重要论述而设计，通过一系列环环相扣的教育活动，让学生认识到生活垃圾分类投放对整个社会生态文明建设的重要意义，能够身体力行地正确投放生活垃圾。引导学生像保护我们的眼睛一样保护生态环境，像对待我们的生命一样对待生态环境，从点滴小事做起，呵护好我们的绿水青山！在今后的学习和生活中，可以每周举行"废物利用作品展"、评比"环保标兵"，学期末评比"环保之星"，以实际行动激励学生克服惰性，让垃圾分类真正成为我们的新时尚！

附1：校园随机采访提纲

记者：同学们，大家好，校园电台与你准时相约。今天，请跟随我们的镜头，换个角度看看咱们和校园垃圾打交道的故事吧！

场景1：采访拎着黑色垃圾袋扔垃圾的学生甲——宿舍垃圾

记者：同学你好，请问你手中拿的是什么？

A：宿舍垃圾。

记者：咱宿舍住着几位同学？

A：6位。

记者：每天都会产生这么一袋生活垃圾吗？

A：每天两袋。

记者：里面主要是……

A：主要是一些水果皮、食品包装袋等。

记者：你听说过垃圾分类吗？它们属于同一类垃圾吗？

A：听说过，但不清楚具体划分。

记者：那你知道这些垃圾的去向吗？

A：应该是埋了吧？

记者：你觉得填埋会不会对环境造成危害呢？

A：应该不会吧？

记者：好的，谢谢这位同学的配合。

场景二：采访拎着装有废旧笤帚、废旧且未充分利用的纸张的垃圾桶去扔垃圾的学生乙——教室垃圾

记者：同学你好，请问你手中拎的是教室垃圾桶吧？

B：对的。

记者：里面主要是什么呢？

B：主要是一些废旧的卫生工具、纸张和尘土。

记者：你觉得它们属于同一类垃圾吗？

B：应该是吧？都是干的。

记者：我发现咱们的纸张只是单面局部使用了，这么扔是不是有点可惜呢？

B：（不好意思地挠挠头）我们下次注意。

记者：好的，谢谢你的配合！

场景三：采访主动捡拾矿泉水瓶、香蕉皮的学生丙——校园榜样

记者：同学你好，我看你刚刚主动捡拾校园垃圾，为你点赞！

C：这是学校一直在培养我们形成的习惯，应该的。

记者：如果校园里每位同学都能像你一样主动捡拾垃圾，爱校如家，我想我们的校园一定会更加干净整洁！

C：谢谢！

记者：请问你准备怎么处理这些垃圾呢？

C：把它们扔进垃圾桶。

记者：那你之前听说过垃圾分类吗？

C：听说过，但并不是很了解。

记者：好的，谢谢！

场景四：采访扔外卖包装的学生丁

记者：同学你好，请问你要扔掉的是外卖包装吗？

D：是的。

记者：方便让我看一下里面都有什么嘛？

D：（打开包装袋）里面是一次性餐盒和饮料瓶。

记者：点外卖已经成为当下年轻人的一种生活方式，但是一次性餐具带来的环境负担不知道你有没有关注？

D：有的有的，通常情况下，我都会备注不需要一次性筷子，也希望咱们的餐厅可以推出环保可降解的餐盒。

记者：看来你的环保意识很强，那你一定听说过垃圾分类吧？

D：听说过，饮料瓶和一次性餐盒属于可回收垃圾，剩菜剩饭属于厨余垃圾。

记者：完全正确！

D：这要归功于国庆假期去上海的旅行，看到上海市民的环保意识和行动，我很受震撼。

记者：看来这趟旅行收获满满啊！

记者：同学们，听完对以上四位同学的采访，你有什么感想呢？是不是和记者小王一样内心百感交集？不妨说来听听吧！

附2：垃圾清运工采访提纲

记者：叔叔您好！我是咱们学校的学生，为积极响应国家关于生态文明建设的重要战略部署，推进文明校园建设，我们现在正在搜集关于校园垃圾分类的相关素材，方不方便占用您几分钟的时间，进行一个简短的采访？

工人：好的。

记者：请问您每天都来学校清运校园垃圾吗？

工人：是的，每天来（　　　）次。

记者：每次清运的量大概是多少？

工人：大约每次清运（　　　）个垃圾桶，几乎都是爆满状态，大概在（　　　）吨左右。特别是遇上周末、节假日前后，校园垃圾格外多，有时还会临时增加清运次数。

记者：辛苦您了！那咱们的垃圾清运到哪里呢？

工人：以前都是倒在垃圾填埋区。

记者：请问填埋区在哪里？

工人：通常来说，是在荒郊或者山谷。

记者：如果用我们在校师生人均每天产生的生活垃圾量来计算，940万岛城居民每天产生的生活垃圾将会是一个庞大的数量，除了直接填埋，还有没有其他的处理方法呢？

工人：垃圾填埋占用了大量的土地，也无法从根本上解决问题。现在全国上下生态意识越来越强，科技也越来越发达，有些垃圾也能变废为宝。如今，我们把垃圾运到处理厂，那里有大批的工人进行分拣，根据不同的属性，选择填埋、焚烧或者再循环。

记者：好的，谢谢叔叔！我们以后尽量减少垃圾的产生，给您减负，给环境减负！

工人：为你们点赞。

附3：情景剧表演《我摊上事儿了》

道具：垃圾桶、纸巾、生活垃圾袋、手机、红袖标、PPT（飞机起飞、黄浦江、机场、酒店服务员卡牌）

A：亲，国庆假期去上海迪士尼玩儿吧？

B：简直不能更同意！约起来！

旁白：说走就走的旅行就这样被安排上了。经过短暂飞行，飞机平稳降落在浦东机场，旅行开始啦！

A：落日余晖里的黄浦江畔美翻了！

B：对呀对呀！快看！是东方明珠！

A：（打喷嚏，擤鼻子，扔纸巾）

志愿者：侬zi撒拉希（你是什么垃圾）？

A+B：（面面相觑，一头雾水）

志愿者：小姑娘，你这是使用过的纸巾，要扔到干垃圾桶。

A：哦，好的。

旁白：将纸巾扔进垃圾桶，这对闺蜜就继续陶醉在美景与美食的世界里。转眼，7天的假期即将结束。

A：收拾好东西，退房吧！

B：别忘了带走垃圾！

酒店服务员：您已退房，感谢您的光临！欢迎下次光临！

A：这边有垃圾桶！

B：好的。

旁白：她们把一天的生活垃圾投进了一个红色的垃圾桶后，就直奔机场了。在登机前，手机响了……

B：罚款200元？！

A：人在机场坐，祸从天上来。这是什么情况？

旁白：一头雾水的两人慌了神，到底罚款是怎么来的呢？你能帮帮她们吗？

第二十六课　保护海洋，守护蔚蓝

——6月8日世界海洋日

节日简介

世界海洋日

图26-1

　　海洋是一个完整的水体。海洋本身对污染物有着巨大的搬运、稀释、扩散、氧化、还原和降解等净化能力。但这种能力并不是无限的，当局部海域接受的有毒有害物质超过它本身的自净能力时，就会造成该海域的污染。海洋污染不仅对海洋生物资源造成损害，还直接危害沿海民众的身体健康。保护海洋环境，守护一片蔚蓝，是全人类共同的责任。2008年12月5日，第63届联合国大会通过决议，决定自2009年起，将每年的6月8日定为"世界海洋日"。2009年，首个世界海洋日以"我们的海洋，我们的责任"为主题，呼吁人们共同守护这片家园。世界海洋日的确立，为国际社会应对海洋挑战搭建了平台，也为在中国进一步宣传保护海洋的重要性、提高公众保护海洋的意识提供了新的机会。

教育构思

教育背景：

21世纪是海洋世纪，探索海洋、开发海洋、利用海洋、保护海洋已成为世界各国的共同行动。推进海洋强国建设是习近平总书记一直以来记挂在心的大事，2018年6月12日，习近平总书记在青岛海洋科学与技术试点国家实验室考察时曾说："建设海洋强国，必须进一步关心海洋、认识海洋、经略海洋，加快海洋科技创新步伐。"增强全民海洋意识是发展海洋事业的重要基础，通过主题班会帮助学生牢固树立合乎时代要求的现代海洋意识，激发他们热爱海洋、投身海洋事业的热情，对我国海洋事业的发展具有十分重要的意义。

班情分析：

授课对象为中职机电技术应用专业一年级学生，大部分学生都是在海边长大，也有许多学生家里是靠海产养殖为生。虽然他们生在海边，长在海边，饭桌上的应季海鲜从不缺席，但很多学生对于海洋所拥有的生物资源、海水化学资源、矿产资源、海洋能源等并不了解。另外，非法捕捞、海洋污染、外来物种入侵等威胁正在使一些脆弱的海洋生态系统和重要的渔场遭到污染。学生们对于这些污染情况给人类生存和发展带来的不利后果，以及对海洋生命、沿海和海岛社区及国家的经济造成的威胁了解不够深入。

教育目标：

认知目标：认识到海洋资源对于日常生活的重要性，意识到人类活动对海洋资源带来的污染与破坏，以及这些污染给人类生存和发展带来的不利后果。

情感目标：明确海洋环境保护的重要性，感受到人与自然和谐发展的必要性。渗透环保教育，培养环保意识，树立环保信念，爱护海洋，善待自然。

行为目标：改变行为规范及意识思想，从自己做起，从身边的小事做起，细心守护我们的海洋，为生态文明建设和绿色发展做出更多努力与贡献。

教育方法：

知识讲授法、小组讨论法、情感体验法、合作探究法。

设计意图：本节班会以2021年世界海洋日的主题为指导，设计了"走进海洋，认识海洋""了解海洋，关注海洋""重视海洋，守护海洋"三个环节。通过小组接龙、视频介绍、学生分享、专家解读等方式，让学生了解海洋生物的多样性；通过人类切身体验和海洋污染短片，让学生感受海洋环境污染的严重性，唤醒学生保护海洋环境的意识；通过世界海洋日公益短视频，让学生感受生命的力量，对生命产生敬畏，感受关爱海洋、保护海洋的责任；通过小组研讨，让学生联系生活实际，从小事做起，保护海洋，爱护环境；最后通过歌曲合唱的方式，赞美海洋，歌颂地球，加深守护海洋的情感。

活动准备：

1. 教师准备

（1）准备四台笔记本电脑，下载游戏《海洋保卫战》。

（2）下载视频《开发海洋能源，释放"蓝色能源"潜力》。

（3）下载对游客进行投喂实验的视频。

（4）剪辑视频《让人心痛的海底世界》。

（5）下载视频短片《如果海水全部变成淡水》。

2. 学生准备

（1）搜集海洋生物的资料。

（2）搜集海洋能源的资料。

（3）学唱歌曲《这一天》。

教育过程

暖场活动：海洋保卫战

活动规则：每个小组发放一台笔记本电脑，学生打开桌面游戏《海洋保卫战》，出现内容提示：海绵宝宝住的海底受到了来自陆地上的污染，它的家都乌烟瘴气了，海洋污染越来越严重了，快来帮助海绵宝宝保卫海洋吧！班主任发出开始口令后，小组进行比赛，捡到垃圾得分，钓起小鱼扣分，在限定时间内得分最多的小组获胜，让学生在游戏中获得丰富的海洋保护情感体验。

第一环节：走进海洋，认识海洋

活动1：分享心中的海洋印象。班主任提问：海洋孕育着无穷的生命，潜藏着无限的可能，它辽阔、神秘，令人心驰神往。我们依靠着海洋的博大，我们享受着海洋的恩惠，请谈一谈你心目中的海洋，你对海洋又有怎样的情感？

设计意图： 在海边长大的孩子对海洋有着独特的情感，他们曾在海边玩耍、嬉戏，他们的祖辈曾在海洋里捕捞、养殖，通过分享，让学生认识到海洋与他们的生活和生长息息相关。

活动2： 认识多样的海洋生物。班主任提问：我国是世界上海洋生物多样性最丰富的国家之一，迄今海洋生物共记录到28000余种，约占世界已知海洋生物物种总数的11%。请说出你知道的海洋生物的名称。

设计意图： 采用小组接龙的方式，每个小组限时三秒说出一种海洋生物，回答不上来的小组淘汰，其他小组继续，直至留下最后一个小组。通过接龙游戏，活跃班会气氛，并让学生在游戏中认识到海洋生物的多样性。

活动3： 了解丰富的海洋资源。班主任提问：海洋是孕育人类的摇篮，尘封着取之不尽、用之不竭的海洋能源，随着科学技术的发展，这座沉睡亿万年的蓝色能源宝藏也正在被"唤醒"，请分享你知道的海洋能源。

分享内容：

（1）海洋生物资源：海洋植物、鱼类、甲壳动物等。

（2）海底矿物资源：煤、石油、天然气、可燃冰、锰结核等。

（3）海洋化学资源：海水制镁、海水淡化、海水制碱、海水制盐等。

（4）海洋动力资源：潮汐能、波浪能、海流能、温差能、盐差能等。

活动4： 揭开海洋能的面纱。班主任解说：我国有大约1.8万千米的大陆海岸线，还有300万平方千米的海洋资源，那么我国海洋能资源的开发状况到底如何？下面请观看浙江大学海洋研究院副院长李伟教授的权威解读。播放视频《开发海洋能源，释放"蓝色能源"潜力》。

设计意图： 通过学生分享和专家解读，展现海洋所蕴含的巨大宝藏和无穷能量，激发学生热爱海洋、探究海洋的热情。

第二环节：了解海洋，关注海洋

活动1： 体验鱼类之痛。班主任播放视频：为了让人类体验鱼的感受，像平时投喂鱼类一样，对人类进行一次投喂实验。在海底世界的门口，工作人员将包有塑料袋的寿司请路过的游客免费品尝。当他们吃到有塑料袋的寿司时，质问道："寿司里面怎么有塑料？这能吃吗！"提问：如果你吃到有塑料袋的食品是什么感受？你认为鱼类能吃吗？请学生表达自己的观点，换位思考鱼类

223

吃到塑料袋的感受。班主任接着播放视频，让学生了解鱼类误食塑料袋后的危害。

活动2：感受海洋之殇。班主任播放视频《让人心痛的海底世界》，提问：看到这些画面你有什么感受？请学生表达观点，班主任总结：每年有多达1000万吨的塑料垃圾流入海洋，塑料会使海洋生物窒息或受伤，还会被海洋生物误食，进入海洋食品链的各个环节。虽然海洋强大而富有韧性，但它依旧是脆弱的，清理海洋垃圾迫在眉睫，守护海洋刻不容缓。

图26-2

第三环节：重视海洋，守护海洋

活动1：守护海洋，安危与共。班主任播放视频《如果海水全部变成淡水》，让学生认识到离开海洋人类将无法存活。

演示内容：

如果地球上的海水全部变成淡水，一天后，大部分海洋动植物会因为无法适应淡水而陆续死亡，而海水生物的死亡会使得水体的净化能力急剧下降，水中的污染物因无法分解，从而出现赤潮、水体富营养化的现象。根据研究分析，地球上70%的光合作用是由海水中的藻类完成的，因此一旦海洋中的藻类全部消失，地球上的氧气将会减少70%以上，并且这些海洋动植物的腐化会释放出大量甲烷，进而在大气中产生更多的二氧化碳，造成两极冰川融化，海平面上升，史前病毒可能重见天日。与此同时，陆地上的动植物也会受到较大影响，温度急剧升高，气候极端多变，台风、海啸将是地球的常客。

一个月后，海洋生物死伤殆尽，人类冷库中的海鲜食品也被清空了，沿海地区的渔民全部失业，整个海洋产业链逐渐崩溃，人类再也吃不到美味的海鲜，食盐价格也会急速飙升。一年后，地球气候发生了巨大变化，由于盐分的消失，再也不会有洋流来调节气候，赤道附近的极端天气会变得更加频繁，各大洲的板块也会越来越活跃，地震和火山喷发接踵而至。由此可以看出，海洋对维持地球平衡起着至关重要的作用。

活动2：守护海洋，全球倡议。班主任播放2021年世界海洋日暨全国海洋宣传日《保护海洋生物多样性，人与自然和谐共生》的宣传片，向全体学生发出守护海洋倡议，提出问题：我们如何在力所能及的范围内守护海洋？学生小组讨论后给出集体方案。

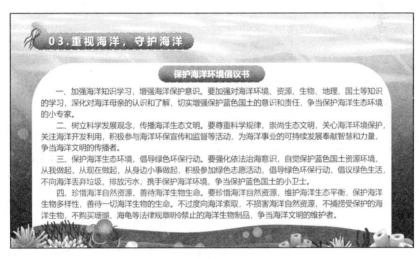

图26-3

分享内容：

一组：在海边游玩时不要随手把垃圾丢弃到海里，捡到被海水冲刷到岸上的垃圾要及时清理，以免落潮时再冲回大海。

二组：积极加入清理海洋志愿者团队，利用周末或节假日跟随团队到海边帮忙清理、搬运浒苔。

三组：到渔村进行守护海洋义务宣传，不要在封海休渔期出海捕鱼，不要过度捕捞海洋生物。

四组：增强家庭节水意识，不随手把过期药物等化学用品冲入下水道，不用含磷洗衣粉，废油尽量不要冲入下水道。

活动3：我为大自然代言。全班学生起立，跟随视频一同唱响《这一天》，献给世界海洋日。回顾中国为守护海洋做出的努力和取得的成绩，激励学生众志成城，守护蔚蓝。

设计意图：通过一个假设的预演，让学生了解海洋的重要性和世界海洋日设立的必要性，再通过交流讨论和歌曲合唱，让学生联系实际生活，从自己做起，改变行为和意识、思想，珍视水源、抵制污染、节约资源、保护海洋。

结束语：

俯瞰海洋，我们总会被这片迷人的深蓝感动。它无比美丽但又异常脆弱。受资源过度开发利用、环境污染等影响，海洋生态环境持续遭到破坏，海洋保护现状不容乐观。作为生在海边、长在海边的我们，要进一步关注海洋、认识海洋、保护海洋，增强保护海洋的意识。让我们一起倾听大海的声音，携手共同守护这片蔚蓝，用实际行动保护海洋生物资源，实现人与自然和谐共生，让浩瀚海洋造福子孙后代。

拓展延伸：

推荐学生课后观看法国环保动画短片*Hybrids*，该影片入围2019奥斯卡最佳动画短片奖，讲述了在生态环境被严重破坏后，海洋生物被迫"进化"，与废弃物垃圾形成混合体，在深海世界里艰难求生的故事。让学生看到，当海洋里到处都是垃圾会是一种什么样的景象，当海洋环境污染越来越严重，依赖海洋生存的生物又会怎么样。每个小组结合本节班会的感悟写一份守护海洋的倡议书，班级内评选出最优作品，张贴在学校的宣传栏，为守护海洋出一份力。

教育反思

本次班会旨在对学生进行海洋观教育，帮助学生了解海洋知识，树立现代海洋意识，引导学生主动保护海洋环境。2019年10月15日，习近平总书记在致2019年中国海洋经济博览会的贺信中提道："海洋对人类社会生存和发展具有重要意义，海洋孕育了生命、联通了世界、促进了发展。"增强全民海洋意识是发展海洋事业的重要基础，具有非常重要的意义。在班会组织过程中，让学生自主搜集资料，使学生从对富饶海洋资源的赞叹过渡到对海洋环境污染的震撼，在赞叹与震撼的对比中，树立海洋环境保护的意识，迸发守护海洋的激情。

附：世界海洋日宣传歌曲

这一天

这一天，我们写下一个蓝

这一天，我们站在了起点

这一天，我们听心的呼唤

这一天，我们亲吻这浪漫

这一天，我们写下一个蓝

这一天，我们站在了起点

这一天，我们听心的呼唤

这一天，我们放飞了心愿

这个地球真是蓝得好看

像水晶在宇宙中旋转

动人心弦，一望无边

你的爱是妈妈的摇篮

每一天，我们擦亮蓝的眼

每一天，我们走在地平线

每一天，我们画心的梦幻

每一天，我们延绵这情感

这个地球真是美得震撼

我们都生活在你臂弯

一天一天，把我们陪伴

爱我们直到未来永远

我们许下了诺言

我们捧起了爱恋

我们守望着家园

我们呵护这蔚蓝

第二十七课　感恩父爱，传承孝道

——6月第三个星期日父亲节

节日简介

父亲节

图27-1

父亲是我们心中的超级英雄。他顶天立地，给予我们的关怀像一把大伞，时时为我们遮风挡雨。他教会我们勇敢坚强，敢做敢当；他鼓励我们怀揣梦想，展翅飞翔。父亲对孩子的陪伴有一种特别的力量，而我们长大后是否能够理解父亲付出的爱与艰辛？美国的布鲁斯·多德夫人做到了。她小时候，母亲因难产而死，家里的六个孩子都是她的父亲一手抚养长大。细心的她体会到了父亲的辛劳，她觉得父亲的爱与付出不亚于任何一个母亲，于是她向当地的市长和州政府提议设立父亲节，州政府采纳了这一建议，并把父亲节定在了6月的第三个星期日。1972年，美国总统尼克松签署正式文件，将每年6月的第三个星期日定为全美国的父亲节。目前，世界上有52个国家和地区在这一天过父亲节。

教育构思

教育背景：

孝道是中华民族传统美德的重要组成部分，《大学》有云："为人子，止于孝；为人父，止于慈。"百善孝为先，孝敬父母既是对长辈的一种尊重，也是自己的一份责任。中职学生正处于青春期，由于受到家庭、社会等多因素的影响，与父母之间缺乏沟通与理解，冲突普遍存在，形成了以自我为中心、不尊重父母的现象，亲情意识与感恩意识越来越淡薄，甚至导致悲剧。加强中职学生对父亲的感恩教育，能够让学生懂得感恩，与家人相互理解，同时让双方走进彼此内心，增强学生生命的弹性，合理化成长问题，促进和谐家庭、和谐校园的建设，传承孝道文化。

班情分析：

授课对象为中职计算机应用专业一年级学生，班级女生居多，心态积极向上，感性高于理性，处于青春期的他们叛逆性较强，自主意识也很强，不愿与父母沟通，感恩意识欠缺。家庭中的父亲大多较为严厉，缺乏对孩子内心真实想法的理解，长此以往造成亲子关系较为紧张。设计以感恩父亲为主题的班会，引导学生体会父亲的辛苦，培养学生的感恩之心，学会关爱父亲、尊敬父亲，形成"知孝、懂孝、行孝、扬孝"的良好品质。

教育目标：

认知目标：了解父亲节设立的初衷与意义，理解"孝"是中华民族传统美德不可或缺的组成部分。

情感目标：感受父爱的深沉与伟大，感恩父亲的辛劳与教导，树立感恩父亲、尊敬父亲的理念。

行为目标：用自己的实际行动去帮助家人分担自己力所能及的事，积极弘扬传统孝行文化。

教育方法：

情境导入法、讲授法、小组讨论法、调查法、观摩法、实践法、讨论法。

设计意图：本次班会按照"知—情—意—行"的德育教育规律，设计了"铭·纪念""感·父爱""谈·孝心""颂·感恩"四个环节，既展现父爱的深沉如山，又展现子女的孝心无价，让"孝义礼善"的种子能够水到渠成地在每一位学生心底生根发芽。

活动准备：

1. 教师准备

（1）在家长群中收集父亲年轻时的照片以及孩子的照片，制作亲子相册。

（2）下载公益广告《关爱老人——打包篇》。

（3）下载朱自清散文《背影》的视频。

（4）下载歌曲《父亲的散文诗》和歌曲《父亲》的伴奏。

2. 学生准备

（1）一组学生搜集父亲节的发展历史，二组学生排演散文朗诵《背影》并搜集背后的故事，三组学生搜集传统孝行故事，四组学生搜集孝行少年的事迹。

（2）班长准备《弟子规》中"入则孝"部分的文本及释义。

（3）全体学生学唱歌曲《父亲》。

教育过程

暖场活动：岁月神偷

活动规则：班主任用PPT逐一展示学生父亲年轻时的照片，请学生根据外貌进行竞猜，然后展示学生的照片，两者进行比对，在感慨基因传承的同时，让学生体会日渐年迈的父亲也曾有过青葱岁月，或许他们变得沉默寡言、严肃固执，但他们对我们的爱却在岁月中温柔地沉淀。

第一环节：铭·纪念

活动1：了解父亲节的由来。一组学生分享父亲节在美国和中国的起源，让学生了解父亲节是感恩父亲的节日。

分享内容：

美国的父亲节：世界上的第一个父亲节1910年诞生在美国，是由布鲁斯·多德夫人倡导的。1909年，多德夫人的父亲威廉·斯马特先生辞世后，多德夫人希望能有一个特别的日子，纪念全天下伟大的父亲，她随即写信向市长与州政府表达了自己的想法。1910年6月19日，多德夫人所在的华盛顿州斯波坎市，举行了全世界的第一次父亲节庆祝活动。1972年，美国总统尼克松签署正式文件，将每年6月的第三个星期日定为全美国的父亲节，并成为美国永久性的纪念日。

中国父亲节：父亲节并非"泊来"的节日，中国也有自己的父亲节。1945年8月8日，上海发起了庆祝父亲节的活动，理由是："中国抗日战争终究得到了最后胜利，这八年中阵亡将士不可计数，而这辈将士，前赴后继，杀敌致果的忠勇精神，实受父亲平日教养和随时激励的结果，所以父亲对于这次抗战胜利的影响，十分伟大。"该请求获国民政府批准，定"爸爸"谐音的8月8日为全国性的父亲节。在父亲节这天，人们佩戴鲜花，表达对父亲的敬重和思念。

活动2：了解父亲节的意义。各小组展示讨论美国父亲节和中国父亲节设立的意义，请小组代表分享观点。

分享内容：

美国父亲节设立的初衷是纪念因过度劳累而辞世的父亲威廉·斯马特，设立的意义是表达对父亲的敬爱之情。父亲努力地扮演着上苍所赋予他的负重角色，作为子女，也要反思自己是否也像父亲一样无私地付出一生。

中国父亲节设立的初衷是纪念在战争中为国捐躯的父亲们，从文字文化意义上看，两个"八"字重叠在一起，经过变形就成了"父"字，文字发音的谐音"爸爸"既有创意又顺口，简单好记又响亮。从中华孝文化意义上看，八月八日与九九重阳节遥相呼应，是中国传统孝文化的组成部分。

设计意图：通过不同国家设立父亲节的缘起与意义，理解即使国家不同、肤色不同、理念不同，但全世界的人们对父亲的敬爱是一致的。

第二环节：感·父爱

活动1：欣赏"孝"散文朗诵。二组学生朗诵朱自清的散文《背影》片段，并讲述《背影》背后的故事，请其他小组分享听后感。

分享内容：

《背影》的背后：朱自清的弟弟朱国华在1989年发表文章《朱自清与〈背影〉》写道："秋日的一天，我接到了开明书店寄赠的《背影》散文集。我手捧书本，不敢怠慢，一口气奔上二楼父亲卧室，让他老人家先睹为快。父亲已行动不便，挪到窗前，倚在小椅上，戴上了老花镜，一字一句，诵读儿子的文章《背影》。只见他的手不住地颤抖，昏黄的眼睛好像猛然放射出光彩。"从朱自清弟弟的叙述来看，这篇《背影》化解了父子之间的隔阂与矛盾。

活动2：聆听"孝"真挚心声。班主任分享著名主持人接受采访的视频片段，让学生倾听名家观点，感悟父爱情怀。

分享内容：

主持人心声：如果我问你这辈子最感谢的人是谁，我想很多人可能会说"爸妈"吧。父兮生我，母兮掬我，父母不仅养育了我们，也在塑造着我们。为什么偏偏是那样一个蹒跚的、略显笨拙的背影击中了我们的心呢？那是因为他代表了千千万万个不善言辞的、朴素而深厚的父亲的形象。如果说母亲是我们随时可以避风的港湾，那父亲则更像载我们出海的船，以把我们推向远方的方式拥我们入怀。父亲是一个我们一生下来就能看到的人，可是真要读懂他，可能需要我们用掉一生的时间。

活动3：观看"孝"公益广告。班主任播放短片《关爱老人——打包篇》，这个广告创意来源于作者杨国靖和父亲的真实经历，请学生表达观后感。

视频简介：

父亲的记忆力越来越差，忘记了很多事情，甚至认不出儿子，也不知道家在哪里。儿子带他外出吃饭，盘子里剩下两个饺子，父亲缓缓地抬起他黝黑的手，拿起饺子轻轻地放入口袋。儿子迅速并且敏捷地抓住他的手，急得大声叫："爸！你干吗呀？"父亲颤巍巍地说："这是留给我儿子的，我儿子最爱吃这个。"父亲忘记了很多事情，但他从未忘记爱你。

设计意图：通过朱自清的经典散文的诵读及背后的故事，让学生在淡然温暖中感悟父爱的深沉而宽广；通过打动亿万观众的公益广告，让学生在热泪盈眶中感悟父爱的醇厚而绵长。

第三环节：谈·孝心

活动1：分享"孝"传统故事。三组学生分享中国传统孝行故事《黄香温席》和《木兰从军》，并邀请两名学生分享听后感。

分享故事：

黄香温席：这是古代二十四孝的故事之一。汉朝的时候，有一个叫黄香的江夏人。年纪才九岁的时候，她就已经懂得孝顺长辈的道理。每当炎炎的夏日到来时，黄香就用扇子对着父母的帐子扇风，让枕头和席子更清凉，并使蚊虫远远地避开双亲的帐子，让父母可以更舒服地睡觉；到了寒冷的冬天，黄香就用自己的身体让父母的被子变得温暖，好让父母睡觉时觉得暖和。后来，黄香的事迹流传到了京城，号称"天下无双，江夏黄香"。

木兰从军：这是古代的历史传奇典故。花木兰是中国古代传说的四大巾帼英雄之一，她从小练习骑马，长大后正逢可汗征兵，她父亲的名字也在名册上。因为父亲年老多病，不能行军，木兰便换上男装，买了骏马和马鞍，代替父亲出征。她逆黄河而上，翻越黑山，骑马转战十二年，多次建立功勋。唐代追封她为孝烈将军，设祠纪念。木兰从军体现了孝敬父亲的女儿情怀，也体现了保家卫国的英雄气概。

活动2：学习"孝"榜样力量。四组学生分享2020年中国最美孝心少年代表的感人事迹，请小组讨论畅谈感受。

展示内容：

（1）王杰（化名），男，湖南省汽车技师学院。面对父亲身患残疾和母亲体弱多病的贫苦家庭，他一直保持着阳光、开朗、积极的心态，把积攒下来的钱拿出来给爸爸妈妈买治疗的药物，他用孝心讲述了一段爱和孝的故事。

（2）子畅（化名），男，江苏省常州外国语学校学生。在别的孩子还在家撒娇的年纪，他已经一次又一次地直面生命的残酷，在探索生命意义中成长成为孝顺长辈、照顾家人、分担家庭责任、乐观积极、努力奋斗的少年。

（3）雨涵（化名），女，山东省济南市莱芜区凤城高级中学。她从小就是一个明白长辈苦心、懂得体谅长辈的孩子，照顾脑梗死的爷爷，努力帮家人减轻负担，用实际行动书写着"孝"字。她让家庭充满温馨，让周围的人感受到浓浓的爱。

（4）灵涵（化名），女，江苏省常州高级中学学生。"老吾老以及人之老"，她经常去敬老院参加志愿活动，陪伴着缺少关爱的老年人，用孝心去温暖他们，即使没有子女般亲切，也希望能给他们带来一点快乐。

设计意图：通过中国古代的孝行故事，让学生感悟孝敬父亲是中华传统美德；通过孝心少年的感人事迹，激发学生去关心、照顾长辈的积极性，唤起学生对家人和社会的道德责任感。

第四环节：颂·感恩

活动1：分享美好瞬间。班主任播放背景音乐《父亲的散文诗》，请学生代表分享父亲为自己做过的一件印象深刻的事。小组讨论：如何做一名孝心少年传承孝行美德？请小组代表上台发言。

活动2：诵读《弟子规》。班长带领学生诵读《弟子规》中的"入则孝"，让学生体会《弟子规》的语言美、韵律美、境界美。班主任提前备好课，把易读错字标记出来，难理解的部分提前做好注释并进行讲解。

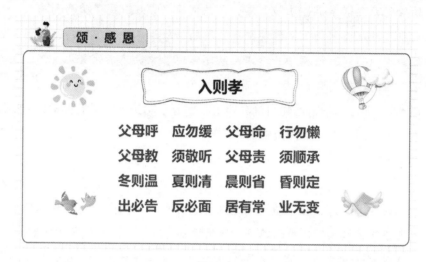

图27-2

分享内容：

译文：父母呼唤，应及时回答，不要慢吞吞的很久才应答。父母有事交代，要立刻动身去做，不可拖延或推辞偷懒。

父母教导我们做人处事的道理，是为了我们好，应该恭敬地聆听。做错了事，父母责备教诫时，应当虚心接受，不可强词夺理，使父母亲生气、伤心。

侍奉父母要用心体贴，应该学习黄香——夏天睡前帮父亲把床铺扇凉，冬天寒冷时会为父亲温暖被窝。早晨起床之后应该先探望父母，并向父母请安问好。下午回家之后，要将今天在外的情况告诉父母，向父母报平安，使老人家放心。

外出离家时，必须告诉父母要到哪里去，回家后还要当面禀报父母，让父母安心。平时生活起居，要保持正常有规律，做事有常规，不要任意改变，以免父母忧虑。

活动3：齐唱《父亲》。全体学生起立，跟着音乐伴奏齐唱歌曲《父亲》，在感人的旋律中体会父亲的担当与不易，激发感恩父亲的深层次情感。

歌词展示：

父 亲

词曲：筷子兄弟

总是向你索取却不曾说谢谢你

直到长大以后才懂得你不容易

每次离开总是装作轻松的样子

微笑着说回去吧，转身泪湿眼底

多想和从前一样，牵你温暖手掌

可是你不在我身旁，托清风捎去安康

时光时光慢些吧，不要再让你变老了

我愿用我一切换你岁月长留

一生要强的爸爸，我能为你做些什么

微不足道的关心收下吧

谢谢你做的一切，双手撑起我们的家

总是竭尽所有把最好的给我

我是你的骄傲吗，还在为我而担心吗

你牵挂的孩子啊长大啦

感谢一路上有你

设计意图： 通过分享与父亲之间的感人故事，引导学生回望成长中与父亲在一起的美好瞬间，从而真诚地去寻找为亲人分担的方式与途径；通过诵读《弟子规》片段，让学生认识到古人对待父母的孝敬行为值得敬佩与学习；通过合唱歌曲，升华学生情感，让学生大声表达爱。

结束语：

岁月无声流逝，我们总会猛然间发现，父亲英俊的脸庞已爬满了深深的皱纹，曾经高大的身躯变得不再挺拔，曾经轻盈的脚步也变得蹒跚笨拙，他也逐渐跟不上新时代的节奏和步伐，但他对我们的爱却永远深沉不变。父亲最大的愿望就是希望孩子健康长大，父亲最大的渴望是孩子的陪伴和关心。在这属于父亲的日子里，让我们感谢父亲全心全意地付出，感谢他默默无闻地守护，让我们衷心向所有平凡而又伟大的父亲致敬！

拓展延伸：

班会课结束后，班主任给每一个学生发一个信封，请学生将自己对父亲的真实情感写在信纸上，封在信封里，周末回家时亲手交给自己的父亲。周末放学后，班主任将学生合唱《父亲》时拍摄的视频发到家长群，为营造和谐家庭氛围出力。

教育反思

在班主任的指导下，由班干部完成班会设计方案的主要环节。在班会准备过程中，充分调动学生的积极性，比如收集资料、排练诗歌朗诵等。通过多元化的课堂呈现，激发学生的参与热情，激活学生的内心情感，引导学生借助演说、歌唱、书写等方式表达对父亲的孝心与爱意。需要注意的是，因学生家庭情况存在差异，特殊家庭的学生可能无法获得完整的情感体验，班主任要提前做好心理疏导或家校沟通。

第二十八课　青春心向党，红船新征程

——7月1日建党节

节日简介

建党节

图28-1

　　中国共产党成立后，在军阀反动政府的残酷统治下，只能处于秘密状态。在大革命时期，党忙于国共合作、开展工农运动和支援北伐战争，没有条件对党的诞生进行纪念。1938年5月，毛泽东同志提议把7月1日定为中国共产党的生日。当时，毛泽东在《论持久战》一文中提出："今年七月一日，是中国共产党建立的十七周年纪念日。"这是中央领导同志第一次明确指出"七一"是党的诞生纪念日。1941年，中共中央确定将1921年7月1日作为中国共产党建党日。此后每年的7月1日，全党都要热烈庆祝党的诞生纪念日。"七一"这个光辉的节日已经深深地铭刻在全党和全国各族人民的心中，成为中国节日文化的一部分。

教育构思

教育背景：

2021年2月20日，习近平总书记在党史学习教育动员大会上的讲话中指出：要抓好青少年学习教育，着力讲好党的故事、革命的故事、英雄的故事，厚植爱党、爱国、爱社会主义的情感，让红色基因、革命薪火代代传承。为激发中学生的爱国、爱党热情，引导学生深入地了解党的历史，领悟党的精神，感悟中国共产党的光辉历程，切实增强中学生的历史责任感和使命感，充分发挥共青团的思想引领作用，组织开展庆祝中国共产党建党100周年党史故事学习系列之"红船精神"主题班会活动。

班情分析：

授课对象为机电技术应用专业一年级学生，班里的团员人数较少。他们从小就对英雄事迹耳濡目染，对英烈壮举感怀至深，因此大部分学生都在积极申请加入中国共青团。但他们缺乏对中共一大召开的深刻理解，缺乏对中国共产党成立初心的认知，不了解"红船精神"的内涵及价值意义，亟待加强"红船精神"党史教育。

教育目标：

认知目标：了解中国共产党建立的初心和使命，掌握中共一大召开的必备知识，理解"红船精神"的内涵及价值意义。

情感目标：感悟优秀共产党员的高贵品质，激发热爱中国共产党、热爱祖国的思想情感，增强责任感和使命感。

行为目标：弘扬"红船精神"，汲取信念力量，厚植爱国情怀，树立为中国特色社会主义事业而奋斗的信念。

教育方法：

知识讲授法、情感体验法、知识竞赛法、榜样示范法、小组讨论法。

设计意图：本次班会以习近平总书记发表的文章《弘扬"红船精神"　走在时代前列》为指导思想，遵循"知—情—意—行"的德育教育原则，采用"学—思—悟"的德育教育方式，引导学生理解"红船精神"的内涵和价值意义，体会中国共产党的初心与坚守，感悟中国共产党人身上闪耀的光芒，并在榜样的带动作用下，将"红船精神"内化于心，外化于行。

活动准备：

1. 教师准备

（1）剪辑电视剧《觉醒年代》片段、电影《建党伟业》片段。

（2）下载《红船精神》动画短片和习近平总书记讲话视频片段、歌曲《不放弃》。

（3）制作上课课件，分配学生任务。

2. 学生准备

（1）以小组为单位组装红船模型。

（2）各小组根据班会主题设计组名和口号。

（3）一组学生研读"首创精神"，二组学生研读"奋斗精神"，三组学生研读"奉献精神"，四组学生研读"红船精神"的价值意义。

（4）全体学生排练诗朗诵《请党放心，强国有我》。

教育过程

暖场活动：背靠起立

活动规则：两名学生背靠背站立，胳膊交叉后做一次蹲起，第三名学生加入，背靠背跨立再做一次蹲起，一直进行，直到小组最后一名学生上场。活动时播放背景音乐《不放弃》："一群人，一条路，坚持一直走下去。在一起，不容易，相守更加了不起。一群人，一条心，再苦再累也愿意。在一起，不容易，点亮生命不放弃……"让学生体会中国共产党成立初期的艰难与坚守。

第一环节：深入百年党史，激活少年"知"

活动1：观看"南陈北李，相约建党"。班主任播放《觉醒年代》中的高燃片段，失声痛哭的陈独秀和李大钊对着荒芜的苍茫大地，对着河边的苦难同胞一起宣誓。观看完影片后，请学生发表观后感，感悟中国共产党成立的初心和使命。

分享内容：

学生1：从这个片段中我看到了一代优秀知识分子的觉醒，正是他们的理性呐喊，唤醒了东方沉睡的雄狮，让一个民族开始觉醒，并逐渐走向自立自强、奋发有为的自救道路。

学生2：陈独秀和李大钊两位先生以先觉者的睿智和胆识，肩负起了复兴中国的崇高使命，率先建立一个用马克思学说武装起来的先进政党，是他们拉开了中国共产党伟大事业的帷幕，我特别敬佩他们！

学生3：两位革命先辈的铿锵誓言令人动容，我为他们建党的决心和气魄而热泪盈眶。他们为人民的觉醒、民族的解放甘愿抛头颅洒热血，我们当代青年应该继承他们的家国情怀和爱国觉悟。

活动2：观看"中共一大曲折召开"。班主任播放《建党伟业》的高燃片段，师生通过影视资料，见证中国共产党成立的伟大历史时刻。学生对关键历史信息做好笔记，观影结束后由班长上台组织知识问答，学生抢答后班长进行相关知识的适度拓展，让学生深入了解中共一大召开的相关史实。

知识问答：

1. 出席中共一大的代表有多少位

答：13位，分别是来自上海的李达、李汉俊，来自武汉的董必武、陈潭秋，来自长沙的毛泽东、何叔衡，来自济南的王尽美、邓恩铭，来自北京的张国焘、刘仁静，来自广州的陈公博，以及旅日代表周佛海，还有由陈独秀指定的代表包惠僧。他们年龄不同、籍贯不同、阶层不同，但为了一个共同的目标而聚集在一起。

2. 中共一大是在哪里召开的

答：中共一大分为两个阶段，第一阶段在上海法租界望志路106号举行，受到法租界巡捕房的干扰后，第二阶段转移到浙江嘉兴南湖的一艘红船上举行，史称南湖会议。

3. 南湖会议的主要议题是什么

答：先讨论并通过《中国共产党的第一个纲领》，接着讨论并通过《中国共产党的第一个决议》，最后，一大选举中央领导机构。

4. 中国共产党的诞生纪念日是哪一天

答：1938年5月，毛泽东在《论持久战》一文中提出："今年七月一日，是中国共产党建立的十七周年纪念日。"这是中央领导同志第一次明确指出"七一"是党的诞生纪念日。1941年6月，中共中央确定将1921年7月1日作为中国共产党建党日。此后每年的7月1日，全党都要热烈庆祝党的诞生纪念日。

5. 中共一大召开的意义是什么

答：中国共产党第一次全国代表大会的召开标志着中国共产党正式成立。从此，在古老落后的中国出现了完全新式的、以马克思列宁主义为行动指南的、以实现社会主义和共产主义为奋斗目标的统一的无产阶级政党。这是中国历史上开天辟地的大事件。

设计意图：通过观看两部革命影视剧的高燃片段，让学生感悟中国共产党成立的初心与使命。通过历史知识问题，让学生了解中共一大成立的相关史实，感悟中共一大召开的伟大历史意义。

第二环节：感悟"红船精神"，点燃少年"情"

活动1：播放《红船精神》动画视频。2005年，时任浙江省委书记的习近平在《光明日报》发表文章——《弘扬"红船精神"　走在时代前列》，首次把"红船精神"提升到"中国革命精神之源"的高度，师生共同学习"红船精神"。视频结束后，学生齐声诵读"红船精神"的三个内涵。

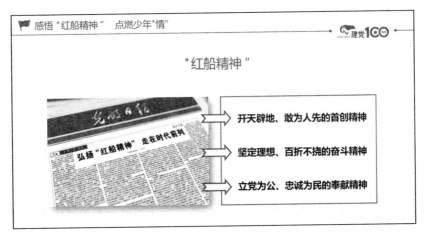

图28-2

活动2：感悟开天辟地、敢为人先的首创精神。一组同学分享他们对首创精神的理解，班主任进行总结提升。

分享内容：

"开天辟地、敢为人先的首创精神"里包含着"创新""胆略""勇气"等主题。在民国军阀割据、民不聊生、风雨飘摇的黑暗年代，以陈独秀、李大钊为代表的共产党人找到了中国的发展之路，这是一个伟大的创举。他们唤起民众的觉悟，振作民族的精神，让全国百姓思想上实现从封建到彻底的觉醒。

我们的党、我们的人民向来有开天辟地、敢为人先的首创精神。在改革开放后让中国人民富起来的社会主义市场经济是首创，在新时代让中国人民强起来的"一带一路"是首创。

活动3：感悟坚定理想、百折不挠的奋斗精神。二组学生分享他们对奋斗精神的理解，班主任进行总结提升。

分享内容：

"坚定理想、百折不挠的奋斗精神"阐述开来是"拼搏""奋斗""实干"等主题。一个民族之所以伟大，根本就在于在任何困难和风险面前都不放弃、不退缩、不止步，百折不挠，为自己的前途命运而奋斗。千百年来，中华民族历经磨难而生生不息、薪火相传，始终保持旺盛生命力。

时代造就了青年，而青年也在创造并推动这个时代。新时代脱贫攻坚目标任务如期完成，驻村青年干部群体功不可没；乡村振兴战略全面推进，返乡创业青年大展拳脚；航天事业不断取得新成就，青年创新团队大放异彩；中国制造转型升级，越来越多匠心青年脱颖而出。

活动4：感悟立党为公、忠诚为民的奉献精神。三组学生分享他们对奋斗精神的理解，班主任进行总结提升。

分享内容：

"立党为公、忠诚为民的奉献精神"阐述开来是"奉献""爱国""价值"等主题。觉醒年代的先锋相约建党，是为了让贫苦的民众活得有尊严。在革命战争年代，无数共产党人为了人民解放抛头颅洒热血，救万民于水火。新中国成立后，我们党团结带领全国各族人民创造了世所罕见的经济快速发展和社会长期稳定的"两大奇迹"。

2020年，面对突如其来的新冠肺炎疫情，我们党始终把人民生命安全和身体健康放在第一位，全力以赴救治患者，疫情防控取得重大战略成果，最大限度保护了人民生命安全和身体健康。大量事实充分说明，百年来中国共产党始终在为人民谋幸福。

活动5：感悟"红船精神"的价值意义。四组学生分享他们对"红船精神"价值意义的理解，班主任进行总结提升。

分享内容：

1."红船精神"是思想武器

南湖红船点燃的星星之火，形成了中国革命的燎原之势，使四海翻腾，五岳震荡。我们党从这里走向井冈山，走向延安，走向西柏坡，由一个领导人民为夺取政权而奋斗的党，成为领导人民掌握政权并长期执政的党。

2."红船精神"是精神支撑

当初，党的"一大"会议在白色恐怖中召开，由上海转至嘉兴，在南湖红船上完成缔造中国共产党的使命。之后，我们党在长期艰苦卓绝的奋斗中，历经曲折而不畏艰险，屡受考验而不变初衷，由小到大，由弱变强，靠的都是坚定的理想信念和百折不挠的革命精神。

3."红船精神"是道德力量

中国共产党从诞生那天起，从来就没有自己的私利，而是以全心全意为人民谋福利为根本宗旨。密切联系群众是我们党区别于其他任何一个政党的显著标志。依水行舟，忠诚为民，成为贯穿中国革命和建设全过程的一条红线，也是"红船精神"的本质所在。

设计意图：通过五个层次的分享演示，让学生领悟"红船精神"是中国革命精神之源，是一种伟大的建党精神，深刻感悟"红船精神"的内涵和价值意义，激发爱党爱国热情。

第三环节：汲取榜样力量，指引少年"行"

活动1：榜样力量，震撼人心。千千万万个优秀共产党员在红船精神的感召下，信仰坚定，勇于担当；心系群众，不忘初心；不惧危险，冲锋在前。他们是共产主义事业的引领者，更是新时代青年学习的楷模。班主任播放从20后到90后优秀中国共产党员的感人事迹，让学生们感受当代共产党员的伟大胸襟与感人情怀。

活动2：研讨反思，升华情感。在以习近平总书记为核心的党中央领导下，中国共产党正在践行建党时的初心和誓言，聚焦百年梦想，一个富强、民主、自由、公平、法治的中国已经屹立在世界东方。回首这100年的光辉岁月，新时代的青年应该如何传承和弘扬"红船精神"？学生畅所欲言，分享在日常生活中学习并践行这些优秀品质的途径。

活动3：朗诵诗歌，许下誓言。在2021年7月1日举行的庆祝中国共产党成立100周年大会上，来自青少年的铿锵表白无疑是天安门广场上最亮眼的风景之一。由1068名共青团员和少先队员代表组成的献词方阵，发出"请党放心，强国有我"的铮铮誓言，让无数青年热泪盈眶！请四位小组长起立领誓，全体学生借用这首诗歌对党许下青春的誓言。

设计意图： 通过学习榜样事迹和分享、交流、讨论，引导学生以榜样为标杆，坚定理想信念，提高思想觉悟，见贤思齐，锐意进取，用更高的标准要求自己，激发学生找准自己的目标，一步一个脚印勇往直前，为中华民族的伟大复兴而努力奋斗！

结束语：

有一种精神，跨越时空，照亮前路；有一种力量，生生不息，催人前进。翻开共产党人的英雄事迹，回顾党的光辉历程，千千万万个优秀共产党员，他们信仰坚定，勇于担当；他们心系群众，不忘初心；他们不惧危险，冲锋在前。他们是共产主义事业的引领者，更是我们新时代青年学习的楷模。让我们向榜样看齐，青春向党，汲取榜样的精神力量，以更加昂扬进取的姿态，更加勇于担当的精神，热血奋进，继往开来，争做时代新人！

拓展延伸：

宣传委员组织学生以"庆祝建党100周年"为主题出一期宣传板报，展示100年来党带领全国人民走过的峥嵘岁月和光辉业绩。各小组以"弘扬红船精神，讴歌丰功伟绩"为主题进行手抄报绘制，在班级内评选出优秀作品，并张贴在宣传栏以颂扬共产党的优良传统与作风。

教育反思

本次班会紧紧围绕"学习党的知识，领悟党的精神"展开，主题鲜明，目标明确，通过高燃视频、知识竞赛、分享感悟、榜样熏陶、交流讨论、诗歌朗诵等多种形式的教育活动，激发学生的学习兴趣，调动学生的参与热情，营造了专注、高效、凝练的课堂氛围。通过回顾党的光辉历程，让学生感悟共产党人的初心与使命，切实增强自身的责任感和使命感。通过课前充分的小组合作探究，让学生深刻领悟"红船精神"的内涵和价值意义。通过分享模范英雄事迹，让学生汲取榜样精神，积蓄奋斗力量，争做时代新人。